INÉS HERMANN

GRÜNE SEIFEN

Weiche Naturseifen selbst gemacht

READ GLOBAL BUY LOCAL

FSC
www.fsc.org
MIX
Papier aus verantwortungsvollen Quellen
FSC® C118234

ISBN 978-3-99025-505-6

Layout: freya_art, Regina Raml-Moldovan
Lektorat: Dorothea Forster
Fotos: Dr. Marc Hermann, weitere siehe Seite 128

printed by GPS-Group

Anmerkung: Alle in diesem Text enthaltenen Anregungen, Beschreibungen, Tipps und Rezepte wurden mit großer Sorgfalt zusammengestellt und getestet. Dennoch kann aufgrund unterschiedlicher Rohstoffe, Ausgangsbedingungen und individueller Fähigkeiten nicht garantiert werden, dass die Informationen auf Ihre Situation zutreffen. Daher kann keinerlei Haftung für etwaige Verletzungen, Verluste oder andere Schäden übernommen werden, die aus der Verwendung der in diesem Text angebotenen Informationen resultieren.

Inés Hermann

Grüne Seifen

WEICHE NATURSEIFEN SELBST GEMACHT

REZEPTE

für Körperpflege & Haushaltsreinigung

freya

Weiche Naturseife im Haushalt 41

Handwaschmittel 68

Pflegende Shampoos 73

Rezepte

Unkomplizierte Pflegespülungen für glänzendes Haar und gesunde Kopfhaut 82

Weiche Naturseife zur Körperreinigung 89

Rezepte

Weiche Naturseife zur Gesichtsreinigung 103

Weiche Naturseife für eine sanfte Rasur 115

Schwefel-Seife 120

Zahnseife 125

Rezepte

Vorwort

Es geht nichts über Selbstgemachtes!

Für mich ist die Herstellung von Seifen kein Hobby, sondern ein Teil meiner Lebensführung. Wann immer ich etwas benötigte, was ich nicht kaufen konnte, habe ich es selbst gemacht. Oft war ich auch nicht mit der Qualität der angebotenen Artikel zufrieden und konnte durch die Selbstherstellung eine bessere Verarbeitung erzielen.

Selbst herstellen macht Spaß, spart Geld und ist ein Weg aus dem passiven Konsum. Jedes Produkt, das ich selbst fertige, sei es nun ein gestrickter Pullover, ein genähtes Kleid oder ein hausgemachter Kuchen, stärkt mein Selbstbewusstsein. Im Glauben an meine Fähigkeiten wage ich mich immer wieder an neue Herausforderungen, die mein Leben stetig reicher machen.

Mein Weg zur heimischen Seifenherstellung

Vor gut 20 Jahren begann ich historische Hüte zu filzen, da es solche nicht zu kaufen gab. Als Filzerin gehört die Seife zu meinem Handwerkszeug. Da gute, handgesiedete Pflanzenseifen schwer zu bekommen waren und zudem sehr kostspielig sind, beschloss ich mich mit der Herstellung von Naturseife zu befassen. Seit 2005 siede ich meine Seifen selbst und kann so ihre Zusammensetzung meinen Bedürfnissen anpassen. Schnell etablierten sich die hausgemachten Seifen in unserem Alltag als Reinigungsmittel und Kosmetikum.

In den ersten Jahren siedete ich ausschließlich feste Seifenstücke auf Basis einer Natronlauge (Natriumhydroxid). Später widmete ich mich der Herstellung von Schmierseifen auf Basis einer Kalilauge (Kaliumhydroxid). Bei der Herstellung der Seife mit Kaliumhydroxid entsteht eine weiche, pastöse Seife. Diese löst sich leichter in Wasser auf und ich konnte das Einsatzspektrum der selbst gesiedeten Seifen erheblich erweitern. Weiche Rasierseifen, Shampoopasten, Duschcremes, Putzseifen oder flüssige Handwaschseifen sind in der Handhabung praktisch und entwickeln viel pflegenden Schaum.

Für die Entwicklung des Siedeverfahrens standen mir vor allem historische Quellen zur Verfügung. Diese waren meine Grundlage, um Schmierseifen in Heimarbeit herzustellen. Der Arbeitsablauf ist dem der Herstellung von festen Seifen ähnlich, dennoch gibt es einige Unterschiede, die ich erst praxistauglich ausarbeiten musste, bevor ich mein Wissen weitergeben konnte.

Für das Sieden von weichen Seifen mit Kaliumhydroxid sind keine Erfahrungen oder Grundkenntnisse in der Seifenherstellung notwendig. Die Rezepte und Anleitungen sind so beschrieben, dass sie auch für Anfänger geeignet sind.

Theorie

Der Prozess der Verseifung

Wie wird aus Fett Seife?

Grundstoff für die Zubereitung von Seife sind Öle und Fette. Damit aus ihnen Seife wird, muss das Fett erst in seine Grundbestandteile zerlegt werden. Dazu wird eine Lauge aus Wasser und Natriumhydroxid (NaOH) oder Kaliumhydroxid (KOH) angerührt und diese mit den Fetten verrührt. Die Fettsäuren verbinden sich mit der Lauge und verseifen. So nennt man die Reaktion von Tristearinsäureglycerinester und Natronlauge zu Glycerin und Natriumstearat.

Dabei entsteht eine Mischung langkettiger Alkalisalze der Fettsäuren, die zu den anionischen Tensiden zählen.

Die Reinigungswirkung der Seifen

Bei der Verseifung entstehen Moleküle, die sowohl einen hydrophilen (wasserliebenden) als auch einen lipophilen (fettliebenden) Teil haben.

Die reinigende Wirkung der Seife beruht darauf, dass sich im Kontakt mit Wasser die Seifenmoleküle spalten.

Die Oberflächenspannung reinen Wassers verhindert die Waschwirkung, da sich die Schmutzteilchen nicht lösen können. Seifen setzen mit ihrem hydrophilen Teil die Oberflächenspannung des Wassers herab und ermöglichen den Kontakt von ansonsten unlöslichen Substanzen, wie zum Beispiel Schmutz mit Wasser. Während des Waschens werden die Schmutzpartikel vom lipophilen Teil des Moleküls ummantelt. Das hydrophile Teil des Moleküls verbindet sich mit dem Wasser. Das Spülwasser transportiert die Schmutzteile, die dem Molekül anhaften, ab.

Rohstoffe für die Seifenherstellung

Zutaten für die Lauge mit Kaliumhydroxid (Ätzkali)

Kaliumhydroxid hat die chemische Formel KOH und ist auch unter dem Namen Ätzkali bekannt. Kaliumhydroxid ist ein hygroskopischer (wasseranziehender) Feststoff, der sich im Wasser unter großer Hitzeentwicklung zu einer starken Base löst.

Kaliumhydroxid ist in reiner Form als kleine, weiße Plättchen erhältlich.

Um das Kaliumhydroxid zu lösen, wird Wasser benötigt. Am besten geeignet ist sauberes, klares Regenwasser, alternativ kann es auch gekauftes, destilliertes Wasser sein. Auf keinen Fall sollte hartes, kalkhaltiges Wasser verwendet werden, das ist schlecht für die Schaumbildung und wirkt sich negativ auf die Reinigungskraft der fertigen Seife aus.

Der Ausgangswert für die benötigte Flüssigkeitsmenge beträgt die Hälfte der Fettmenge, auf 1000 g Fettansatz wären das 500 g Flüssigkeit.

Pflanzliche Fette und Öle für die Seife

Die richtige Auswahl und Zusammenstellung der Öle und Fette ist Grundlage für das Gelingen der Seife. Ob Shampooseife, Gesichtsseife, Handwaschseife, Rasierseife oder Putzseife, die Kombination der Öle und Fette bestimmt den Charakter der Seife. Es wird zwischen Basisfetten und Spezialölen, die zum Überfetten verwendet werden, unterschieden. Um eine pflegende Wirkung zu erzielen, sollte in der fertigen Seife auch nicht verseiftes Öl übrig bleiben. Dieses hat dann eine rückfettende Wirkung. Je höher die Überfettung, desto pflegender ist die Seife. Jedoch rate ich von einer Überfettung von mehr als 12 % ab, da die Seife sonst zu schnell ranzig werden könnte. Eine ausgewogene Mischung von weichen und harten Basisfetten sorgt für eine gute, gebrauchstüchtige Seife, während die Spezialfette aus dem reinen Gebrauchsgegenstand ein pflegendes, luxuriöses Wascherlebnis ermöglichen.

Pflanzliche Öle werden aus Samen, Nüssen und Kernen gepresst. Diese Öle enthalten zum Beispiel Proteine, Vitamine, Linolsäure und vieles mehr. In einem kleinen Samenkorn steckt alles, was die Pflanze zum Wachsen braucht, sobald Wasser und Licht hinzukommen. Ein klarer Vorteil gegenüber tierischen und synthetischen Fetten.

Pflanzliche Öle haben vielfältige pflegende Eigenschaften: Sie schützen sie vor Austrocknung und unterstützen sie in ihrer Barrierefunktion gegen Umwelteinflüsse. Kalt gepresste, unraffinierte Öle aus biologischem Anbau sind nicht nur geschmacksintensiver, sondern auch gesünder. Daher gebe ich ihnen den Vorzug. Einige dieser Öle, die ich in den Rezepten verarbeitet habe, möchte ich kurz beschreiben:

Aprikosenkernöl

Aprikosenkernöl wird aus dem inneren Stein der Aprikosen gepresst. Durch seinen hohen Anteil ungesättigter Fettsäuren ein für die Ernährung sehr wertvolles Öl. In der Kosmetik schätzt man es wegen seinem Reichtum an Enzymen und der leicht antibakteriellen Wirkung besonders bei reifer, trockener und empfindlicher Haut als bewährtes Schönheitsmittel.

Avocadoöl

Das grüne, vitaminreiche Öl wird aus dem Fruchtfleisch der Avocadofrucht gewonnen. Die unverseifbaren Anteile des Öls enthalten große Mengen Phytosterinen, die für eine gute Aufnahme des Öls durch die Haut sorgen.

Kombiniert mit Olivenöl gibt Avocadoöl eine besonders feine Seife, die gerne auch für Babys verwendet wird. Avocadoöl wird von der Haut sehr schnell und gut absorbiert, es ist ein effizientes Trägeröl und durch den weichmachenden Effekt eine ideale Wahl zum Überfetten von Seifen. Avocadoöl gibt einen feinen, cremigen Schaum.

Babassuöl

Babassuöl wird durch das Auspressen der fetthaltigen Früchte der Babassupalme gewonnen. Babassuöl ist ein wertvolles Basisöl, das gut schäumende Seifen gibt. In Verbindung mit Kokosnussfett ist es hervorragend zur Herstellung von Shampooseifen geeignet. Vor allem trockenes und brüchiges Haar wird wieder elastisch.

Baumwollsaatöl

Das aus der Baumwollstaude gewonnene Baumwollsaatöl ist ein Nebenprodukt der Baumwollproduktion. Es wird aus den kleinen, schwarzen

Samen gepresst, die an den weißen Baumwollflocken sitzen. In der Seife sorgt Baumwollsaatöl für reichen, stabilen Schaum. Zudem pflegt das Öl die Haut nachhaltig, ist reich an den Vitaminen A und E sowie an Linolsäure. Diese hält unter anderem die Hautbarriere stabil und ist wirksam gegen Schuppenflechten und Neurodermitis.

Distelöl

Distelöl wird aus dem Samen der Färberdistel gewonnen. Es ist kalt gepresst erhältlich und beinhaltet viele wertvolle Stoffe. Das leichte, hautpflegende Öl ist auch bei fetter, unreiner und Mischhaut gut geeignet. Die Beimengung von Distelöl ergibt eine weiche Seife, vor allem für feine Shampooseifen.

Für die Herstellung von Putzseifen ist vor allem der hohe Anteil von Vitamin E relevant. Die antibakterielle Wirkung des Vitamins trägt zur Hygienewirkung der Seife bei.

Hanföl

Das hellgrüne Hanföl wird aus dem Samen des Nutzhanfs gewonnen. Das leicht verseifbare Öl ergibt eine gut schäumende, hautpflegende Seife, die sehr hilfreich bei Neurodermitis ist.

Haselnussöl

Die Haselnuss wird schon seit der Jungsteinzeit von den Menschen geschätzt. Das hautpflegende Öl ist gut für fette sowie für empfindliche Haut geeignet. Es hat zwar eine ähnliche Zusammensetzung wie Olivenöl, macht die Seife aber nicht so weich. Haselnussöl kann sowohl zum Überfetten als auch als Basisöl verwendet werden.

Jojobaöl (Wachs)

Jojoba ist ein Strauch, der in Halbwüsten und Wüsten wächst. Jojobaöl ist eigentlich ein Wachs, das aus den Samen gewonnen wird. Es ist sehr wertvoll, reich an Provitamin A und Vitamin E, wirkt entzündungshemmend und wird pur in der Hautpflege verwendet. Es lässt die Seife gut schäumen und wird zum Überfetten genutzt.

Kakaobutter

Kakaobutter ist ein hellgelbes, aromatisches Fett, das durch Auspressen der Kakaobohnenmasse gewonnen wird. Da sie die Seife fest macht, empfiehlt sich eine Kombination mit Sheabutter. Um eine gute Schaumbildung der Seife zu erzielen, sollte sie zusammen mit schaumfördernden Ölen verwendet werden.

Kokosnussfett oder Kokosfett

Kokosnussfett wird aus dem Fruchtfleisch der Kokosnuss gewonnen. Kokosnussfettseifen schäumen auch in kaltem und salzigem Wasser reichlich. Kokosnussfett kann aber bei zu hohem Anteil in der Seife austrocknend und reizend wirken. Das kann aber durch geschicktes Kombinieren mit anderen Ölen ausgeglichen werden. Kokosnussfett ist ein ideales Basisöl.

Die ebenfalls in hoher Konzentration enthaltene Laurinsäure wirkt antimikrobiell und trägt zur hygienischen Reinigung bei.

Leinöl

Leinöl wird aus dem Samen, der Leinsaat, des Ölleins gewonnen. Seit Jahrhunderten wird Leinöl zur Imprägnierung von Holz verwendet. Leinöl ist ein bewährtes Konservierungs- und Bindemittel und daher auch die Grundlage von Leinölfarben. Seifen mit hohem Leinölanteil eignen sich hervorragend zur Reinigung und Pflege von Holz.

Lorbeeröl

Das dunkelgrüne Lorbeeröl wird durch Pressung der reifen Früchte des Lorbeerbaumes gewonnen. Das Öl enthält eine große Menge Laurinsäure, die antibakteriell, antimykotisch und antiseptisch wirkt. Laurinsäure leitet sich von der botanischen Bezeichnung des Lorbeers *Laurus nobilis* ab. Traditionell wird die bekannte Aleppo-Seife mit Lorbeeröl gesiedet.

Mafura-Butter

Mafura-Butter wird durch Kaltpressung aus den Früchten des Mafura-Baumes gewonnen, der in Südafrika heimisch ist. Die Butter hat einen hohen Anteil an ungesättigten Fettsäuren und wirkt überaus feuchtigkeitsspendend. Seifen mit Mafura-Butter sind vor allem für gereizte Problemhaut eine Wohltat, weil die antibiotischen und entzündungshemmenden Eigenschaften der Butter beruhigend und heilend wirken. Seifen mit Mafura-Butter reinigen die Haut sanft mit viel cremigem Schaum.

Mandelöl

Mandelöl ist ein leichtes, weißes Öl, das aus den süßen Mandeln gewonnen wird. Es ergibt weiche, milde, gut haltbare Seifen. Es wirkt reizlindernd, pflegend und schützend und ist besonders für trockene Haut geeignet, die zu Rissen, Ekzemen und Schuppen neigt. Daher ist Mandelöl auch gut für Kinderseifen geeignet. Mandelöl kann sowohl zum Überfetten als auch als Basisöl für besonders luxuriöse Seifen verwendet werden.

Niemöl

Niemöl wird aus dem Samen der Niempflanze gewonnen, die in Indien heimisch ist. Das dunkelbraune Öl wirkt als natürliches Insektizid und wird zur ungiftigen Ungezieferbekämpfung eingesetzt. Niemöl enthält den Wirkstoff *Azadirachtin*, der den Aufbau des Außenskeletts von Insekten stört. Niemöl wirkt antibakteriell, reinigend und desinfizierend.

Olivenöl

Olivenöl wird schon seit Jahrhunderten wegen seiner heilenden, entzündungshemmenden Eigenschaften geschätzt. Olivenöl ergibt besonders milde Seifen mit kleinporigem, dichtem Schaum. Bei längerer Lagerung werden sie härter und ergeben einen besseren Schaum. Olivenöl ist ein hochwertiges Basisöl für feine Seifen.

Palmöl

Palmöl wird aus dem Fruchtfleisch der Palmfrüchte gewonnen. Früchte und Öl haben wegen ihres hohen Carotingehaltes eine orangerote Färbung, die bei der Raffination entfernt wird. Vollkommen raffiniert ist es als weißes Frittierfett erhältlich. Es bringt die Seife dazu, schnell anzudicken, ergibt milde, feste, cremig schäumende Seifen und ist daher ein ideales Basisöl. Mit 30 % Marktanteil ist Palmöl das wichtigste Pflanzenöl der Welt. Die Weltproduktion von Palmöl stieg in den letzten Jahren zum Teil über 15 % im Jahr. Während im Jahr 2001 noch 25,6 Millionen Tonnen Palmöl weltweit produziert wurden, waren es 2020 bereits 78 Millionen Tonnen. Die steigende Nachfrage des kostengünstigen Palmöls hat eine großflächige Abholzung der Regenwaldflächen in den Hauptproduktionsländern Malaysia und Indonesien zur Folge. Daher verwende ich für meine Seifen seit einigen Jahren kein Palmöl mehr, das nicht aus nachhaltiger Produktion stammt. Bei den Rezepten habe ich auf Palmöl gänzlich verzichtet.

Rapsöl

Rapsöl ist ein preiswertes Öl aus heimischem Anbau. Reine Rapsölseifen sind nicht empfehlenswert, da diese zu weich werden und schlecht schäumen. In Verbindung mit harten Fetten ist Rapsöl ein gutes Basisfett für eine milde Seife.

Rizinusöl

Rizinusöl wird aus den Samen des Wunderbaums gewonnen. Das farb- und geruchlose Öl ergibt weiche, rückfettende und feuchtigkeitsspendende Seifen. Die hervorragenden schaumbildenden Eigenschaften machen das Rizinusöl zu einem wichtigen Bestandteil von Shampoo- und Rasierseifen.

Der Hauptbestandteil von Rizinusöl ist die namensgebende, antibakterielle Ricinolsäure.

Schwarzkümmelöl

Schwarzkümmelöl wird aus dem Samen des schwarzen Kümmels gepresst. Das Spezialöl wirkt antifungizid, also gegen Pilze. Der im Öl enthaltene Wirkstoff *Thymochinon* hat hervorragende keimtötende Eigenschaften.

Sesamöl

Sesamöl wird aus den Samen der tropischen Sesampflanze gewonnen. Das helle Öl wird aus naturbelassenen Samen gepresst und ist geschmacksneutral. Das dunkle Öl wird aus gerösteten Sesamkörnern hergestellt, bei dessen Verwendung der Eigengeschmack berücksichtigt werden sollte. Der hohe Anteil an ungesättigten Fettsäuren macht die Seife sehr weich. Sesamöl kann sowohl zum Überfetten als auch als Basisöl verwendet werden.

Sheabutter (Karité)

Sheabutter wird aus den Nüssen des wild wachsenden Shea-Baums in Zentralafrika gewonnen. Sheabutter enthält viele wertvolle Inhaltsstoffe und 11 % unverseifbare Fette, was die Seifen sehr reichhaltig und pflegend macht.

Sojaöl

Sojaöl wird aus dem Samen der Sojapflanze, der Sojabohne gewonnen. Als preiswertes Basisöl ist es für weiche, gut schäumende Seifen hervorragend geeignet.

Sonnenblumenöl

Das heimische Sonnenblumenöl ergibt gute, pflegende Seifen. In vielen Supermärkten ist es sogar kalt gepresst in Bio-Qualität erhältlich. Sonnenblumenöl ist nicht nur ein sehr gutes Basisfett, sondern wird regional angebaut und ist damit ausgesprochen ökologisch.

Traubenkernöl

Traubenkernöl wird aus den Kernen der Weintraube gewonnen, ist farblos und enthält wertvolle Antioxidantien, die desodorierend und antibakteriell wirken. Traubenkernöl kann sowohl zum Überfetten als auch als Basisöl für feine, weiche Seifen verwendet werden.

Weizenkeimöl

Weizenkeimöl ist ein besonders sanftes Öl mit beruhigender Wirkung. Eine Überfettung mit Weizenkeimöl empfiehlt sich besonders bei Shampooseifen und reifer Haut. Wegen der schnellen Verderblichkeit sollte es als Basisöl nur in geringem Umfang verwendet werden.

Ölauszüge – Aromen und Wirkstoffe in Ölen konservieren

Bei einem Ölauszug oder auch *Mazerat* genannt, werden die heilkräftigen Wirkstoffe der Kräuter im Öl gelöst.

Dieses Öl ist eine hervorragende Grundlage für wertvolle Pflanzenseifen.

Für die Herstellung eines Ölauszugs können entweder frische oder getrocknete Pflanzen verwendet werden.

Beim Trocknen der Pflanzen nimmt ein Teil der wirksamen Inhaltsstoffe ab. Jedoch lässt die Feuchtigkeit frischer Pflanzen den Ölauszug gerne schimmeln. Zwar können frische Pflanzen auch schnell im warmen Öl ausgezogen werden. Doch bei dieser Methode gehen durch die hohen Temperaturen Inhaltsstoffe sowohl im Öl als auch in den Pflanzen verloren.

Eine echte Alternative ist der warme Ölauszug im Babykostwärmer oder im Joghurtbereiter.

Kalter Ölauszug aus getrockneten oder angetrockneten Pflanzen

Zutaten

- 1 Schraubglas
- 1 Handvoll getrockneter Blüten oder Blätter (zum Beispiel Ringelblumenblüten, Johanniskrautblüten, Spitzwegerichblätter, Löwenzahn)
- Pflanzenöl

Zubereitung

1. Das Schraubglas gewissenhaft reinigen und sehr gut trocknen.
2. Pflanzen zerkleinern.
3. Das Glas zu einem Drittel mit Pflanzenmaterial füllen.

4. Mit dem gewählten Öl aufgießen, so dass das Pflanzenmaterial gut bedeckt ist.
5. Das Glas verschließen und an einem Platz abstellen, an dem der Ölauszug im Fokus der Aufmerksamkeit bleibt.
6. Den Ölauszug regelmäßig schütteln und kontrollieren, dass immer alle Pflanzenteile mit Öl bedeckt sind.
7. Nach 3 bis 4 Wochen durch einen Tee- oder Kaffeefilter abseihen.
8. In einem gut verschließbaren Glas dunkel und kühl aufbewahren.
9. Das Glas mit Herstellungsdatum und Inhaltsangabe beschriften.

Warmer Ölauszug aus frischen Pflanzen

Seit Langem stelle ich Ölauszüge mit Hilfe eines alten Babykostwärmers her. Dieser hält die Wärme konstant bei ungefähr 40 Grad, so dass die Wirkstoffe schnell und schonend ins Öl übergehen. Ebenso praktisch ist die Herstellung im Joghurtbereiter.

Zutaten

- 1 passendes Schraubglas bzw. Joghurtglas
- 1 Handvoll frische Blüten oder Blätter
- Pflanzenöl

Zubereitung

1. Das Schraubglas gewissenhaft reinigen und sehr gut trocknen.
2. Pflanzen zerkleinern.
3. Das Glas zu einem Drittel mit Pflanzenmaterial füllen.
4. Mit dem gewählten Öl aufgießen, so dass das Pflanzenmaterial gut bedeckt ist.
5. Das Glas verschließen und für mindestens 24 Stunden bei circa 40 Grad in den Babykostwärmer oder Joghurtbereiter stellen.
6. Nach der Reifezeit durch einen Tee- oder Kaffeefilter abseihen.
7. In einem gut verschließbaren Glas dunkel und kühl aufbewahren.
8. Das Glas mit Herstellungsdatum und Inhaltsangabe beschriften.

- *Bei sachgemäßer Lagerung an einem kühlen, dunklen Ort ist das Öl etwa 1 Jahr haltbar.*

Düfte für die Seife

Die erste Reaktion auf meine Seifen ist immer, dass daran gerochen wird. Ein intensiver oder angenehmer Geruch ist nicht unbedingt mit der Qualität der Seife gleichzusetzen. Da das Geruchsempfinden eines jeden Menschen unterschiedlich ist, kann man die Seife entsprechend beduften – oder man verzichtet auf den Zusatz eines Duftstoffes. Das empfiehlt sich bei Menschen, die zu Allergien neigen und jede Art von Unverträglichkeitsreaktionen von vornherein ausschließen wollen. Baby- und Kleinkinderseifen bedufte ich nur mit etwas echtem Kamillenöl oder Fenchelöl.

Ätherische Öle

Ätherische Öle sind hochkonzentrierte Pflanzenessenzen, die in den Öldrüsen der Pflanzen gebildet werden. Sie sind im Pflanzengewebe gespeichert und werden entweder durch Kaltpressung oder durch Wasserdampfdestillation gewonnen. Ätherische Öle können sich in den Blüten, Blättern, Samen, Fruchtschalen, Wurzeln, Harzen, Rinden oder im Holz befinden. Je nach Herkunftspflanze enthalten sie spezielle Duft- und Wirkstoffe.

Ätherische Öle unterscheiden sich von fetten Ölen (zum Beispiel Olivenöl) dadurch, dass sie vollständig verdampfen, denn *ätherisch* bedeutet *flüchtig, leicht verdampfend.* Da sie auf Papier keinen charakteristischen *Fettfleck* hinterlassen, nennt man sie deshalb auch *trocknende* Öle.

Der Begriff **ätherisches Öl** ist gesetzlich nicht geschützt und wird daher auch für synthetische Duftöle verwendet. Beim Kauf sollte unbedingt darauf geachtet werden, dass es sich um naturbelassene und natürliche Öle handelt.

Die wohltuenden Düfte der ätherischen Öle haben eine harmonisierende, anregende und beruhigende Wirkung auf uns. Sie heben die Stimmung und verhelfen so zu körperlichem und seelischem Wohlbefinden.

Der Einsatz ätherischer Öle in Naturseifen unterstützt nicht nur die Reinigungswirkung, sondern die Belastung durch Bakterien, Viren und Pilze sinkt nachweisbar.

Neben dem angenehmen Duft entfalten sie in der Seife ihre Wirkstoffe, die gut für die Haut und die Seele sind. Um auf die ätherischen Öle näher einzugehen, würde es eines eigenen Buches bedürfen, daher möchte ich nur die bekanntesten aufzählen: Anis, Bergamotte, Citronella, Eukalyptus, Fenchel, Fichtennadel, Geranium, Gewürznelke, Grapefruit, Ingwer, Latschenkiefer, Lavendel, Mandarine, Majoran, Melisse, Muskatellersalbei, Muskatnuss, Orange, Patchouli, Pfefferminze, Rosenholz, Rosmarin, Salbei, Sandelholz, Teebaum, Thymian, Zedernholz, Zimt, Zitrone, Zitronengras und Zypresse.

Ätherische Öle sind von Natur aus flüchtig und daher verfliegt der Duft der Seife mit der Zeit. Man kann dem ein wenig entgegensteuern, indem man den Duft fixiert. Bei Orange, Zitrone und Mandarine kann man dies durch Zugabe von geriebenen Zitronen- oder Orangenschalen erreichen. Die Zugabe von etwas Patchouliöl oder Rosenholzöl bei Blumendüften wirkt sich günstig auf eine langlebigere Beduftung aus. Auch eine Messerspitze fein gemahlener Weihrauch hilft den Duft zu erhalten. Sehr langlebige Düfte sind Anis, Geranium, Lavendel und Zimt.

Duft- und Parfümöle

Duftöle sind Mischungen aus natürlichen und synthetischen Inhaltsstoffen, bei denen der Duft im Vordergrund steht, nicht die Wirkung der Inhaltsstoffe. Beim Kauf sollte darauf geachtet werden, dass die Duft- bzw. Parfümöle zur Seifenherstellung geeignet sind. Die Hautverträglichkeit sollte auf jeden Fall im Vordergrund stehen! Naturseife, die zum Beispiel nach Erdbeeren riecht, enthält immer künstliche Duftstoffe, die womöglich nicht jedem bekommen.

Farbe für die Seife

Die Farbe der verwendeten Öle bestimmt den Farbton der fertigen Seife. Zum Beispiel lässt ein hoher Olivenölanteil die Seife hellgrün erscheinen, ein hoher Anteil von kalt gepresstem Rapsöl verleiht der Seife einen sanften, orangen Farbton. Ebenso spiegelt sich das satte Oliv-Braun von Kürbiskernöl in der Seife wider.

Soll jedoch etwas mehr Farbe die Charakteristik der Seife unterstreichen oder sollen Farbeffekte erzielt werden, dann muss nachgeholfen werden. Ich bevorzuge die natürliche Färbung mit Pflanzen, Mineral- und Erdfarben, um den Charakter der Naturseife zu heben. Weiterhin möchte ich meinen selbst hergestellten Seifen keine synthetischen Zusätze beifügen.

Natürliche Farbpigmente aus Pflanzen

Diese sind mir persönlich am liebsten, da die Farben dezent sind, zur Naturseife passen und keine Reizstoffe enthalten. Annattosamen zum Beispiel färbt einen schönen, intensiven Orangeton, Kurkumapulver ein leuchtendes Gelb. Ein wunderbares Blau, das zudem noch lichtecht ist, erzielt man mit Indigo. Gute Erfahrungen habe ich mit Rote-Beete-, Holunder- und Spinatpulver sowie Henna und Krappwurzeln gemacht.

Natürliche Farbpigmente aus Mineralien und Erden

Echte Erd- und Mineralpigmente sind farbecht und verleihen der Seife harmonisch leuchtende Farben. Selbst ein strahlendes Weiß lässt sich durch die Zugabe von Heilkreide oder Porzellanerde (Kaolin) herbeiführen. Mineralische Farbpigmente halten sich stabil in der fertigen Seife.

Grundsätzlich sind sie leicht zu verarbeiten, doch sollten sie stets sorgfältig mit dem Stabmixer eingearbeitet werden, damit sie sich gleichmäßig in der Seifenmasse verteilen.

Seit Jahrtausenden werden natürliche Farbpigmente in der darstellenden Kunst verwendet. In der dekorativen Naturkosmetik werden Perlglanzpigmente und Mineralerden zu besonders hautverträglichen Produkten verarbeitet.

Tonerden, Mineralerden und Heilerden färben nicht nur, sondern werden auch als kosmetische Rohstoffe eingesetzt. Sie entstanden während der letzten Eiszeit, als tonnenschwere Gletscher sich über die Gesteinsflächen bewegten und diese zu feinem Staub zermahlten. Heilerden enthalten viele Mineralien, zum Beispiel: Kalzium, Magnesium, Zink, Phosphor und Eisen, die genaue Zusammensetzung ist abhängig vom Abbaugebiet. In der Kosmetik sorgen sie für eine deutliche Verbesserung des Hautbildes, reduzieren den Oberflächenfettfilm, lindern Hautreizungen und wirken Entzündungen entgegen. Diese Eigenschaften mildern vor allem Hautunreinheiten und beugen neuen vor.

Synthetische Kosmetikfarbstoffe

Neben den bereits aufgeführten natürlichen Farbstoffen stehen für die Seifenherstellung zahlreiche synthetische Farbstoffe zur Verfügung. Diese lassen sich sehr einfach handhaben, sind beständig und lichtecht. Synthetisch Farben sind vor allem sehr intensiv und lassen den natürlichen Charakter der Seife in den Hintergrund treten, daher verzichte ich auf künstliche Farbstoffe.

Kräuter und pflanzliche Wirkstoffe für die Seife

Kräuteraufgüsse

Kalter Kräuteraufguss kann anstatt Wasser zum Anrühren der Lauge verwendet werden. Das KOH wird direkt im Kräuteraufguss aufgelöst. Zum Beispiel ist ein extra starker Lavendeltee eine gute Grundlage für eine Lavendelseife. Durch die gezielte Zugabe eines Kräuteraufgusses kann die Konsistenz der fertigen Seife individuell eingestellt werden. Zudem wird die Seife mit zusätzlichen pflanzlichen Wirkstoffen angereichert.

Frischpflanzensaft

Wie der Name schon sagt, wird der Frischpflanzensaft aus der frischen Pflanze gewonnen. Hierzu werden die Pflanzenteile ausgepresst.

Einen besonderen Frischpflanzensaft spendet die Aloe Vera. Dieser wirkt nachweislich entzündungshemmend und lindert Juckreiz. Aber auch aus den Blättern von beispielsweise Brennnesseln und Birken lassen sich konzentrierte Pflanzensäfte gewinnen.

Durch die gezielte Zugabe eines Frischpflanzensaftes kann die Konsistenz der fertigen Seife individuell eingestellt und mit zusätzlichen pflanzlichen Wirkstoffen angereichert werden.

Hydrolate

Hydrolate fallen als Nebenprodukt bei der Herstellung von ätherischen Ölen durch Wasserdampfdestillation von Blüten, Kräutern und Wurzeln an. Dazu wird das Pflanzenmaterial in einen Kessel geschichtet und heißer Wasserdampf eingeblasen, der das ätherische Öl aus der Pflanze löst. Das Kondenswasser wird über ein Kühlsystem geleitet und in einem Behälter gesammelt. Dieses Wasser-Öl-Gemisch trennt sich wieder. Das ätherische Öl schwimmt oben und kann abgeschöpft werden. Zurück bleibt das duftende Pflanzenwasser. Neben einem geringen Teil ätherischer Öle enthält es insbesondere die wasserlöslichen Pflanzeninhaltsstoffe.

Durch die gezielte Zugabe eines Hydrolats kann die Konsistenz der fertigen Seife individuell eingestellt werden. Zudem wird die Seife mit zusätzlichen pflanzlichen Wirkstoffen angereichert.

Pflanzenwirkstoffwasser

Ebenso wie der Kräuteraufguss kann ein Wirkstoffwasser zum Anrühren der Lauge verwendet, aber auch die Konsistenz der fertigen Seife individuell eingestellt werden. Alles, was man dazu benötigt, sind frische oder getrocknete Kräuter und eine ungebrauchte Espressokanne. Das Ergebnis ist zwar kein echtes Hydrolat, jedoch erhält man ein kräftiges Pflanzenwirkstoffwasser.

Grundrezept Wirkstoffwasser

Zutaten

- frische oder getrocknete Kräuter
- eine ungebrauchte Espressokanne

Zubereitung

1. In den unteren Teil der Kanne wird destilliertes Wasser eingefüllt.
2. Statt des Kaffees werden die Kräuter in das Sieb gedrückt.
3. Dann wird die Kanne zugeschraubt und das Ganze auf dem Herd erhitzt. Der aufsteigende Dampf entzieht den Kräutern die wasserlöslichen Wirkstoffe und ätherischen Öle. Diese gelangen mit dem Kondenswasser in den oberen Teil der Kanne und sammeln sich dort.
4. Das so gewonnene Wirkstoffwasser kann nun noch zwei bis drei Mal erneut in den unteren Teil der Kanne gefüllt werden. Das Sieb wird mit neuen Kräutern gefüllt, und so wird das Wasser noch wirkstoffreicher.

- *Es sollte frisch verwendet werden, da sich bei längerer Lagerung Keime bilden.*

Sonstige natürliche Zusatzstoffe

Bienenwachs

Bienenwachs lässt die Seifenmasse gut emulgieren und konserviert die Seife auf natürliche Weise. Es wird zusammen mit den Basisfetten eingeschmolzen und verseift.

Auf der Haut hinterlassen Seifen mit Bienenwachs nach der Reinigung der Haut einen ganz leichten Schutzfilm, der feuchtigkeitsbewahrend, pflegend und entzündungshemmend wirkt.

Carnaubawachs

Carnaubawachs ist eine vegane Alternative zu Bienenwachs. Es wird aus den Blättern der in Brasilien heimischen Carnaubapalme gewonnen und hat daher einen entsprechend langen Transportweg. Das Wachs hat einen sehr hohen Schmelzpunkt von ungefähr 85 Grad und lässt sich daher nur mit hitzeunempfindlichen Fetten verarbeiten.

Honig

Durch die Zugabe von Honig wird das Schaumvolumen der Seife erhöht. Aufgrund seines hohen Anteils an Trauben- und Fruchtzucker bindet er Feuchtigkeit in der Haut und schützt sie so vor dem Austrocknen. Außerdem enthält er Vitamine und spezielle Eiweißverbindungen, wie sie auch als Kittsubstanzen in der Hautstruktur vorkommen. Zudem wirkt er antibakteriell. Er hat einen ähnlichen pH-Wert wie die Haut, so unterstützt Honig die Wundheilung und beruhigt die Haut.

Damit der Honig seine wertvollen Inhaltsstoffe nicht verliert, sollte er nicht zu stark erwärmt werden. Daher wird er nach dem Rühren der angedickten, erkalteten Seifenmasse zugefügt.

Salz/Natriumchlorid

Salz hat eine belebende, straffende Wirkung auf die Haut und fördert die Durchblutung. Salzseifen regulieren den Feuchtigkeitshaushalt und hinterlassen eine streichelzarte Haut. Besonders sehr empfindliche Haut reinigen sie mild und spenden Feuchtigkeit. Sehr zu empfehlen sind Salzseifen zur Gesichtsreinigung und -pflege bei unreiner Haut.

Es ist unerheblich, ob es sich um Meer- oder Steinsalz handelt, da es sich bei handelsüblichem Speisesalz unabhängig vom Abbau immer um Natriumchlorid handelt.

Die Körnung des Salzes kann individuell gewählt werden, sowohl feines als auch grobes Salz kann zur Seifenherstellung verwendet werden. Jedoch kann Salz aus dem Toten Meer auf gar keinen Fall verarbeitet werden, da es nicht nur aus Natriumchlorid besteht, sondern einen hohen Anteil an Magnesiumchlorid hat.

Talkum (Specksteinmehl, Magnesiumsilikathydrat)

Das natürliche, weiche Mineral weist adstringierende, juckreizstillende und porenverkleinernde Eigenschaften auf. Daher ist es vor allem in Babypuder enthalten. Dieses besteht in der Regel zu über 90 % aus Talkum.

Wollwachs/Lanolin

Wollwachs oder Lanolin ist das Sekret aus den Talgdrüsen von Schafen, das bei der Wäsche von Schafswolle zurückgewonnen wird. Es hat die Fähigkeit ein Mehrfaches seines Gewichtes an Wasser aufzunehmen und bildet dabei eine Wasser-in-Öl-Emulsion. Lanolin lässt die Seifenmasse relativ schnell andicken und ergibt eine milde Seife. Da Wollwachs von der Haut resorbiert wird, verleiht es der Seife sehr pflegende Eigenschaften.

Zinkoxid

Zinkoxid (ZnO) ist eine chemische Verbindung aus Zink und Sauerstoff und als weißes Pulver in der Apotheke erhältlich. Es wirkt desinfizierend und antiseptisch. Zinkoxidhaltige Seifen werden vor allem zur Vorbeugung und Behandlung von unreiner Haut und in Deo-Seifen eingesetzt.

Zitronensäure

Die Wirkung und Funktion der Seife werden durch hartes Wasser beeinträchtigt. Industriell hergestellte Seifen enthalten daher den Komplexbildner Ethylendiamintetraessigsäure (kurz EDTA). Dieser Zusatzstoff ist in der Abwasserreinigung nicht oder nur schlecht abbaubar und schädigt die Umwelt nachhaltig.

In unserer selbst hergestellten Naturseife verwenden wir daher Zitronensäure. Diese bildet mit NaOH Natriumcitrat, das als Wasserenthärter dient. So können auch schwer lösliche Seifen-Ablagerungen, sogenannte Kalkseife, in Abwasserrohren verhindert werden.

Die Zitronensäure wird in einem Teil der Laugenflüssigkeit aufgelöst und nach dem Einrühren der Lauge der Seifenmasse zugefügt.

Praxis

Im Umgang mit Kalilauge ist Vorsicht geboten. Eine gute Vorbereitung und ein Arbeiten ohne Hektik sind die Basis für ein gutes Gelingen.

Als erfahrene Siederin möchte ich noch darauf hinweisen, dass es einige Unterschiede zur Verseifung mit Natriumhydroxid gibt. Zum einen werden sowohl die Lauge als auch die Fette nicht kalt verarbeitet, sondern warm. Zum anderen reagiert KOH langsamer. Das bedeutet, dass der Seifenleim wesentlich länger gerührt werden muss, bevor er andickt und die Verbindung stabil ist.

Die Arbeitsgeräte

- Grammgenaue Waage zum Auswiegen der Zutaten
- hoher Topf zum Schmelzen der Fette und Anrühren der Seife
- Handschuhe und Schutzbrille
- Zeitungspapier zum Abdecken der Arbeitsfläche
- Messbecher und Rührlöffel zum Anrühren der Lauge
- Gefäße zum Abwiegen der Zutaten
- Mixstab
- Eine Form oder ein ausreichend großes Glas zum Reifen der Seife. Als sehr praktikabel haben sich große Weckgläser erwiesen. Sie sind hitzebeständig und die Gelphase kann sehr gut beobachtet werden
- Alte Handtücher oder Bettlaken zum Isolieren

Wir tragen nun Arbeitskleidung, alle Zutaten sind zusammengetragen und das Rezept liegt vor uns.

Es kann also losgehen!

Die Arbeitsschritte

1. Zuerst werden die Öle ausgewogen. Feste Fette werden zusammen mit den flüssigen Ölen im Topf bei geringer Wärmezufuhr geschmolzen. Die Temperatur der fertigen Ölmischung sollte ungefähr 50 bis 60 Grad betragen.

2. Nun wird mit dem Zubereiten der Lauge begonnen. Dazu unbedingt zuerst die Handschuhe und die Schutzbrille anlegen!
3. Kaliumhydroxid genau auswiegen, indem man es langsam in einen Plastikbehälter rieseln lässt. Eventuell danebengegangene Plättchen sofort sorgfältig entfernen.
4. Dann wird das Kaliumhydroxid in das genau bemessene Wasser eingerührt. Entweder man begibt sich dazu ins Freie oder arbeitet im Waschbecken bei offenem Fenster. Durch die chemische Reaktion erhitzt sich die Flüssigkeit und es entstehen giftige Dämpfe.

5. Die Lauge mit einem Plastik- oder Holzlöffel so lange rühren, bis die Flüssigkeit klar ist und keine Rückstände des KOHs mehr zu erkennen sind. Die fertige Lauge nicht abkühlen lassen.

Mein Tipp:

Um den Vorgang besser beobachten zu können, empfehle ich für den nachfolgenden Rührvorgang ein hohes, hitzebeständiges Einmachglas.

6. Nun schütten wir die warme Lauge langsam und ohne zu spritzen unter vorsichtigem Rühren in den Topf bzw. das Einmachglas mit den warmen Ölen.

7. Sobald die gesamte Lauge im Topf ist, nehmen wir den Stabmixer zur Hand und rühren das Gemisch, bis es die Konsistenz einer dicken Suppe (oder eines Puddings) hat. Das dauert etwa 10 Minuten – bei Seifen mit hohem Olivenölanteil etwas länger. Der Stabmixer kann zwischendurch auch ausgeschaltet werden, um mit der Hand weiter zu rühren.

8. Sobald die Seifenmasse sich stabil verbunden hat, kann sie etwa eine Viertelstunde ruhen. Sollte sie sich wieder trennen, dann den Topf bzw. das Einmachglas wieder auf die warme Herdplatte stellen und erneut mit dem Stabmixer rühren.

9. Jetzt können die gewünschten Düfte, Farben, Kräuter und sonstigen Zusätze dazugegeben werden. Den nun fertigen Seifenbrei in das vorbereitete Glas gießen. Wurde die Seifenmasse bereits im Einmachglas gerührt, dann kann sie dort verbleiben.

Die Seifenmasse sollte nicht zu früh umgefüllt werden – etwas Geduld lohnt sich!

Behälter und Formen

Kaliumseifen sind sehr weich, pastös bis zähflüssig. Ich empfehle daher Gläser oder Keramikgefäße, in die der frische Seifenbrei eingefüllt wird. Aus diesen kann die Seife dann vor dem Gebrauch entnommen werden. Als sehr praktikabel haben sich große Einmachgläser bewährt. Sie sind hitzebeständig und die Gelphase kann sehr gut beobachtet werden. Falls der Seifenbrei sich wieder trennen sollte, kann dies im Glas besser beobachtet und mit dem Pürierstab nachgearbeitet werden.

Ruhephase

Dazu wird unsere fertige Seife gut mit alten Handtüchern oder Bettlaken verpackt und an einen sicheren Platz gestellt. Die Seife durchläuft in den folgenden 18 bis 24 Stunden die Gel-Phase, so nennt man die chemische Reaktion, in der sich die Lauge mit dem Fett zu Seife verbindet. Dabei entsteht von der Mitte der Seifenmasse ausgehend Hitze. Die Isolierung mit Tüchern fördert die Gel-Phase. Das Durchlaufen einer guten Gel-Phase verkürzt die Reifezeit der Seife.

Reifezeit

Nach etwa zwei bis drei Wochen wird die Seifenmasse transparenter und gelartig. Nun ist sie einsatzbereit und fertig für die Weiterverarbeitung.

Verpackung, Etiketten oder Banderolen

Ich verzichte auf Kunststoffverpackungen und bewahre die Seife in Gläsern auf. Oftmals in einem großen Einmachglas, aus dem ich die Seife dann portionsweise auf mehrere kleine Gläser verteile.

Grundsätzlich fertige ich für jede Seife ein Etikett oder eine Banderole, auf dem das Siededatum und die genauen Inhaltsstoffe aufgeführt sind. Diese können individuell gestaltet werden und runden das selbst gefertigte Produkt ab.

Calciumcarbonat
Schlämmkreide
SEIFE

Weiche Naturseife im Haushalt

Bei dem Begriff **Schmierseife** denkt man zuerst an pastöse Seifen, die vor allem zum Putzen verwendet werden. Meine erste weiche Seife hatte ich zu diesem Zweck gesiedet – eine gut reinigende Schmierseife aus Pflanzenölen.

Sand – Soda – Seife, das waren die Grundzutaten der Haushaltsreiniger bis in die 50er-Jahre. Dann wurden die Regale der Supermärkte von kraftvollen Reinigern in bunten Plastikflaschen überschwemmt. Die allgegenwärtige Werbung verspricht strahlende Sauberkeit und kraftvolle Hygiene. Chemische Keulen, die ohne großen Aufwand nicht nur den Schmutz, sondern auch Bakterien und hartnäckige Verkrustungen bekämpfen.

Doch sowohl die Verschmutzung der Gewässer durch solche Reiniger als auch das hohe Müllaufkommen durch die Verpackungen sind völlig unnötig. Selbst gesiedete Seifen sind eine einfache und umweltfreundliche Alternative zu industriell gefertigten, aufwendig verpackten Produkten.

Die Ausgangsüberlegung war, Seife als reinigendes Tensid herzustellen. Meine Recherchen ergaben, dass sogenannte *Putzseife* durch Aussalzen von Seifenresten hergestellt werden kann. Doch dies ist ein mühevoller Prozess, der zudem mit hohem Energieaufwand verbunden ist. Andere Rezepte für selbst gemachte Putzmittel auf Seifenbasis enthalten vor allem gekaufte Kernseife als Ausgangsmaterial. Doch diese möchte ich nicht verwenden, denn Kernseife wird traditionell aus Rindertalg (*Sodium Tallowate*) hergestellt. Kernseife auf pflanzlicher Basis wird häufig aus Palmfett gesiedet. Nach der Verseifung wird die Seifenmasse ausgesalzen und der Seifenkern abgetrennt. Zurück bleibt die entkernte Seife, ohne pflegende Eigenschaft, reduziert auf die reinigende Wirkung. Meine Putzseifen sind jedoch aus pflanzlichen Ölen, ohne Fettüberschuss und mit natürlichen, mechanischen Hilfsstoffen gesiedet. Diese sind, wie die Seife selbst, gut biologisch abbaubar und somit sehr umweltfreundlich.

Der Einsatz ätherischer Öle in den Putzseifen lässt diese nicht nur gut duften, sondern sie unterstützen auch die Reinigungswirkung und senken die Belastung durch Bakterien, Viren und Pilze nachweisbar.

Da die Seife ohne Überfettung gesiedet wird, ist sie nahezu unbegrenzt haltbar.

Putzen mit Naturseife schafft gesunde Sauberkeit!

Universal-Schmierseife

Universal-Schmierseife

Diese Schmierseife ist zum Reinigen verschiedenster Materialien vielseitig einsetzbar. Sie kann dem Putzwasser beigegeben oder bei hartnäckiger Verschmutzung pur eingearbeitet werden.

Die ätherischen Öle unterstützen nicht nur die Reinigungswirkung, sondern hinterlassen einen natürlichen, frischen Duft.

Zutaten

- 250 g Kokosnussfett
- 100 g Sonnenblumenöl
- 100 g Rapsöl
- 50 g Rizinusöl

- 250 g destilliertes Wasser
- 111 g KOH
- 20 g ätherisches Orangenöl
- 10 g Lavendelöl

Zubereitung

» Das Kokosnussfett zusammen mit den flüssigen Ölen sanft schmelzen und nicht abkühlen lassen. Die Temperatur der Fette sollte zwischen 50 und 60 Grad betragen.

» Kaliumhydroxid genau auswiegen und unter Berücksichtigung der Sicherheitsregeln in das destillierte Wasser einrühren. Für die weitere Verarbeitung ist es von Vorteil, wenn die Lauge noch relativ warm ist. Daher muss sie, nachdem sich das KOH aufgelöst hat, nicht abgekühlt werden, sondern kann sofort verwendet werden.

» Die Lauge zum Öl gießen und die Mischung mit Hilfe des Mixstabes für ungefähr 5 Minuten rühren, bis die Masse andickt.

» Die ätherischen Öle einarbeiten.

» Dann die Seifenmasse in ein bereitgestelltes Gefäß füllen.

» Nun wird die fertige Seife gut mit alten Handtüchern oder Bettlaken verpackt und an einen sicheren Platz gestellt, damit sie die Gel-Phase durchlaufen kann.

Holzreinigungs-Seife

Diese Seife reinigt Holzböden, gewachstes und geöltes Holz sowie Kork, ohne es auszulaugen. Sie löst sich problemlos im Wischwasser auf und hinterlässt durch die natürlichen Pflegewirkstoffe einen schützenden Film auf dem Holz.

Zudem lassen sich mit dieser Seife Holzschneidebretter hervorragend reinigen und pflegen. Das ätherische Fichtennadelöl rundet die Seife in ihrer antibakteriellen Wirkung ab.

Zutaten

- 200 g Kokosnussfett
- 200 g Leinöl
- 100 g Sonnenblumenöl
- 30 g Bienenwachs

- 300 g destilliertes Wasser
- 108 g KOH bei 2 % Überfettung
- 10 g ätherisches Fichtennadelöl

Zubereitung

» Das Kokosnussfett und Bienenwachs zusammen mit den flüssigen Ölen sanft schmelzen und nicht abkühlen lassen. Die Temperatur der Fette sollte zwischen 50 und 60 Grad betragen.

» Kaliumhydroxid genau auswiegen und unter Berücksichtigung der Sicherheitsregeln in das destillierte Wasser einrühren. Für die weitere Verarbeitung ist es von Vorteil, wenn die Lauge noch relativ warm ist. Daher muss sie, nachdem sich das KOH aufgelöst hat, nicht abgekühlt werden, sondern kann sofort verwendet werden.

» Die Lauge zum Öl gießen und die Mischung mit Hilfe des Mixstabes für ungefähr 5 Minuten rühren, bis die Masse andickt.

» Das ätherische Öl einarbeiten.

» Dann die Seifenmasse in ein bereitgestelltes Gefäß füllen.

» Nun wird die fertige Seife gut mit alten Handtüchern oder Bettlaken verpackt und an einen sicheren Platz gestellt, damit sie die Gel-Phase durchlaufen kann.

Holzreinigungs-Seife

Grüne Schmierseife

Grüne Schmierseife

Das Einsatzgebiet der traditionellen Grünen Schmierseife ist groß. Ob zur Vorbehandlung von Flecken auf Textilien oder zur Reinigung im Haushalt – sie ist seit Generationen ein unentbehrlicher Helfer. Sie kann dem Putzwasser beigegeben oder bei hartnäckiger Verschmutzung pur eingearbeitet werden.

Die ätherischen Öle unterstützen nicht nur die Reinigungswirkung, sondern hinterlassen einen natürlichen, frischen Duft.

Zutaten

- 200 g Kokosnussfett
- 200 g Olivenöl
- 50 g fettes Lorbeeröl
- 50 g Rizinusöl

- 250 g destilliertes Wasser
- 107 g KOH
- 10 g ätherisches Lavendelöl
- 10 g ätherisches Limettenöl

Zubereitung

» Das Kokosnussfett zusammen mit den flüssigen Ölen sanft schmelzen und nicht abkühlen lassen. Die Temperatur der Fette sollte zwischen 50 und 60 Grad betragen.

» Kaliumhydroxid genau auswiegen und unter Berücksichtigung der Sicherheitsregeln in das destillierte Wasser einrühren. Für die weitere Verarbeitung ist es von Vorteil, wenn die Lauge noch relativ warm ist. Daher muss sie, nachdem sich das KOH aufgelöst hat, nicht abgekühlt werden, sondern kann sofort verwendet werden.

» Die Lauge zum Öl gießen und die Mischung mit Hilfe des Mixstabes für ungefähr 5 Minuten rühren, bis die Masse andickt.

» Das ätherische Öl einarbeiten.

» Dann die Seifenmasse in ein bereitgestelltes Gefäß füllen.

» Nun wird die fertige Seife gut mit alten Handtüchern oder Bettlaken verpackt und an einen sicheren Platz gestellt, damit sie die Gel-Phase durchlaufen kann.

Sole-Schmierseife

Die Laugenflüssigkeit dieser Seife ist eine gesättigte Salzlösung, eine Sole. Im Gegensatz zu Salzseifen haben Soleseifen eine glatte Struktur, da die Salzkristalle aufgelöst sind. Die Wirkung und die Einsatzgebiete sind jedoch ähnlich. Das Salz in der Seife wirkt kalklösend. Vor allem Metalle wie Kupfer und Messing werden wieder strahlend sauber. Auch bei Rotweinflecken auf Textilien ist die Sole-Schmierseife wirksam.

Zutaten

- 250 g Kokosnussfett
- 200 g Rapsöl
- 50 g Rizinusöl

- 300 g destilliertes Wasser
- 100 g Kochsalz
- 110 g KOH
- 15 g ätherisches Zitronengrasöl

Zubereitung

» Das Kokosnussfett zusammen mit den flüssigen Ölen sanft schmelzen und nicht abkühlen lassen. Die Temperatur der Fette sollte zwischen 50 und 60 Grad betragen.

» Das Kochsalz in destilliertes Wasser einrühren, bis es aufgelöst und so eine Sole entstanden ist.

» Kaliumhydroxid genau auswiegen und unter Berücksichtigung der Sicherheitsregeln in die Sole einrühren. Für die weitere Verarbeitung ist es von Vorteil, wenn die Lauge noch relativ warm ist. Daher muss sie, nachdem sich das KOH aufgelöst hat, nicht abgekühlt werden, sondern kann sofort verwendet werden.

» Die Lauge zum Öl gießen und die Mischung mit Hilfe des Mixstabes für ungefähr 5 Minuten rühren, bis die Masse andickt.

» Das ätherische Zitronengrasöl einarbeiten.

» Dann die Seifenmasse in ein bereitgestelltes Gefäß füllen. Oder in mehrere Schraubgläser verteilen.

» Nun wird die fertige Seife gut mit alten Handtüchern oder Bettlaken verpackt und an einen sicheren Platz gestellt, damit sie die Gel-Phase durchlaufen kann.

Sole-Schmierseife

Salz-Schmierseife

Salz-Schmierseife

Diese spezielle Schmierseife löst hartnäckige Verkrustungen und wirkt gegen Kalk. Sie ist vor allem bei der Reinigung des Backofens sinnvoll. Durch die abrasive Wirkung der Salzkristalle werden eingebrannte Pfannen und Töpfe nach kurzer Einwirkzeit wieder strahlend sauber. Auf säureempfindlichen Oberflächen löst sie Kalk und Schmutz. An Armaturen, Besteck und Edelstahl entfernt die Salz-Schmierseife Flugrost.

Zutaten

- 200 g Kokosnussfett
- 200 g Distelöl
- 100 g Rizinusöl

- 350 g destilliertes Wasser
- 107 g KOH
- 150 g Kochsalz
- 10 g ätherisches Zitronenöl
- 10 g ätherisches Lavendelöl

Zubereitung

» Das Kokosnussfett zusammen mit den flüssigen Ölen sanft schmelzen und nicht abkühlen lassen. Die Temperatur der Fette sollte zwischen 50 und 60 Grad betragen.

» Kaliumhydroxid genau auswiegen und unter Berücksichtigung der Sicherheitsregeln in das destillierte Wasser einrühren. Für die weitere Verarbeitung ist es von Vorteil, wenn die Lauge noch relativ warm ist. Daher muss sie, nachdem sich das KOH aufgelöst hat, nicht abgekühlt werden, sondern kann sofort verwendet werden.

» Die Lauge zum Öl gießen und die Mischung mit Hilfe des Mixstabes für ungefähr 5 Minuten rühren, bis die Masse andickt.

» Das Kochsalz und die ätherischen Öle einarbeiten.

» Dann die Seifenmasse in ein bereitgestelltes Gefäß füllen. Oder in mehrere Schraubgläser verteilen.

» Nun wird die fertige Seife gut mit alten Handtüchern oder Bettlaken verpackt.

Antibakterielle Schmierseife

Die natürlichen antibakteriellen Wirkstoffe der Zutaten unterstützen die Reinigungskraft der Seife. Sie ist vor allem bei Schädlingsbefall an Pflanzen zuverlässig wirksam, ohne den Pflanzen oder der Umwelt zu schaden. Im Haushalt reinigt sie schonend empfindliche Flächen in Küche und Bad und hinterlässt hygienische Sauberkeit.

Als traditionelles pharmazeutisches Präparat wird sie zur Reinigung und Erweichung der Haut bei Abszessen und Nagelbettentzündungen verwendet.

Zutaten

- 250 g Kokosnussfett
- 200 g Distelöl
- 50 g Niemöl

- 250 g destilliertes Wasser
- 112 g KOH
- 10 g ätherisches Orangenöl
- 10 g ätherisches Rosmarinöl

Zubereitung

» Das Kokosnussfett zusammen mit den flüssigen Ölen sanft schmelzen und nicht abkühlen lassen. Die Temperatur der Fette sollte zwischen 50 und 60 Grad betragen.

» Kaliumhydroxid genau auswiegen und unter Berücksichtigung der Sicherheitsregeln in das destillierte Wasser einrühren. Für die weitere Verarbeitung ist es von Vorteil, wenn die Lauge noch relativ warm ist. Daher muss sie, nachdem sich das KOH aufgelöst hat, nicht abgekühlt werden, sondern kann sofort verwendet werden.

» Die Lauge zum Öl gießen und die Mischung mit Hilfe des Mixstabes für ungefähr 5 Minuten rühren, bis die Masse andickt.

» Die ätherischen Öle einarbeiten.

» Dann die Seifenmasse in ein bereitgestelltes Gefäß füllen.

» Nun wird die fertige Seife gut mit alten Handtüchern oder Bettlaken verpackt und an einen sicheren Platz gestellt, damit sie die Gel-Phase durchlaufen kann.

Vor allem in den Wintermonaten werden die Zimmerpflanzen von allerlei saugenden Schädlingen befallen. Ob nun Blattläuse, Wollläuse oder Schildläuse – mit dieser Seifenlösung können sie ohne schädliche Insektizide wirkungsvoll bekämpft werden.

Zutaten

- 2 Esslöffel antibakterielle Schmierseife
- 200 g Wasser
- 1 Teelöffel Niemöl

Herstellung

» Antibakterielle Schmierseife mit Hilfe des Mixstabes mit dem warmen Wasser verrühren, bis eine homogene Masse entsteht.

» Niemöl einarbeiten.

» In eine Pumpflasche oder einen Dosierspender füllen.

Anwendung

» Flasche vor dem Gebrauch kurz schütteln und die befallenen Pflanzen mit der Seifenlösung besprühen.

» Oder das Mittel direkt auf einen Lappen geben und die Pflanzen damit abwaschen.

Diese Seife bietet eine wunderbare Grundlage für eine Seifenlösung zur Pflege von Zimmerpflanzen.

Scheuerpaste

Diese Scheuerpaste reinigt glatte und empfindliche Oberflächen sanft und effektiv. Sie löst Verkrustungen ebenso schonend und zuverlässig wie Fettfilme.

Schlämmkreide ist ein feines, mikrokristallines Sedimentgestein, das durch Ablagerung entstanden ist. Das Ausgangsgestein, die weiße oder hellgraue Kreide, entstand hauptsächlich in der geologischen Periode der Oberkreide. Das in Steinbrüchen abgebaute Gestein wird durch mechanische Trennverfahren von Verunreinigungen gesäubert – einer Schlämmung unterzogen.

Badkeramik, sämtliche Metalle, Glas und das Cerankochfeld können mit dem natürlichen Scheuermittel schonend gereinigt werden.

Zutaten

- 250 g Kokosnussfett
- 200 g Olivenöl
- 50 g Rizinusöl

- 300 g destilliertes Wasser
- 110 g KOH
- 100 g Calciumcarbonat/ Schlämmkreide
- 10 g ätherisches Limettenöl
- 10 g ätherisches Pfefferminzöl

Zubereitung

» Das Kokosnussfett zusammen mit den flüssigen Ölen sanft schmelzen und nicht abkühlen lassen. Die Temperatur der Fette sollte zwischen 50 und 60 Grad betragen.

» Kaliumhydroxid genau auswiegen und unter Berücksichtigung der Sicherheitsregeln in das destillierte Wasser einrühren. Für die weitere Verarbeitung ist es von Vorteil, wenn die Lauge noch relativ warm ist. Daher muss sie, nachdem sich das KOH aufgelöst hat, nicht abgekühlt werden, sondern kann sofort verwendet werden.

» Die Lauge zum Öl gießen und die Mischung mit Hilfe des Mixstabes für ungefähr 5 Minuten rühren, bis die Masse andickt.

» Das Calciumcarbonat und die ätherischen Öle einarbeiten.

» Dann die Seifenmasse in ein bereitgestelltes Gefäß füllen. Oder in mehrere Schraubgläser verteilen.

» Nun wird die fertige Seife gut mit alten Handtüchern oder Bettlaken verpackt und an einen sicheren Platz gestellt, damit sie die Gel-Phase durchlaufen kann.

Kaffee-Orangen-Seife

Kaffeeseifen binden und neutralisieren strenge Gerüche. Das vermeidliche Abfallprodukt Kaffeesatz unterstützt mit milder Scheuerkraft die Reinigungswirkung der Seife. Sie ist vor allem im Abflussbereich des Spülbeckens einsetzbar. Ebenso können mit der Kaffee-Orangen-Seife Töpfe, Pfannen und Arbeitsflächen gereinigt werden. Das ätherische Orangenöl rundet mit seinen antibakteriellen und antimykotischen Eigenschaften die Wirkung der Seife ab.

Zutaten

- 200 g Kokosnussfett
- 200 g Sonnenblumenöl
- 100 g Distelöl

- 300 g Kaffee aus destilliertem Wasser
- 124 g KOH
- 20 g kristalline Zitronensäure
- 100 g Kaffeesatz
- 15 g ätherisches Orangenöl

Zubereitung

» Das Kokosnussfett zusammen mit den flüssigen Ölen sanft schmelzen und nicht abkühlen lassen. Die Temperatur der Fette sollte zwischen 50 und 60 Grad betragen.

» Kaffee aus destilliertem Wasser herstellen.

» Die Zitronensäure in 50 g Kaffee auflösen.

» Kaliumhydroxid genau auswiegen und unter Berücksichtigung der Sicherheitsregeln in 250 g Kaffee einrühren. Für die weitere Verarbeitung ist es von Vorteil, wenn die Lauge noch relativ warm ist. Daher muss sie, nachdem sich das KOH aufgelöst hat, nicht abgekühlt werden, sondern kann sofort verwendet werden.

» Die Lauge zum Öl gießen und die Mischung mit Hilfe des Mixstabes für ungefähr 5 Minuten rühren, bis die Masse andickt.

» Nun die aufgelöste Zitronensäure einrühren.

» Den Kaffeesatz und das ätherische Orangenöl einarbeiten.

» Dann die Seifenmasse in ein bereitgestelltes Gefäß füllen. Oder in mehrere Schraubgläser verteilen.

» Nun wird die fertige Seife gut mit alten Handtüchern oder Bettlaken verpackt und an einen sicheren Platz gestellt, damit sie die Gel-Phase durchlaufen kann.

Waschpaste mit Holzmehl

Diese Seife reinigt stark verschmutzte Hände von Öl, Schmierstoffen, Bitumen und Tinte. Ebenso werden Oberflächen von Fettschmutz befreit.

Holzmehl ist sehr fein gemahlenes Holz, das bei der Holzverarbeitung abfällt. Damit die Körnung nicht zu grob ist, werden die Sägespäne durch ein grobes Sieb geschüttet. Das Holzmehl wird dann als Zutat für die Waschpaste verwendet. Gerade Nadelhölzer enthalten entzündungshemmende und antibakterielle Harze und ätherische Öle. Diese unterstützen die Regeneration der Haut nach der Reinigung.

Zutaten

- 200 g Kokosnussfett
- 200 g Sonnenblumenöl
- 100 g Distelöl

- 300 g destilliertes Wasser
- 107 g KOH
- 100 g Holzmehl
- 10 g ätherisches Zitronenöl
- 10 g ätherisches Fichtennadelöl

Zubereitung

» Das Kokosnussfett zusammen mit den flüssigen Ölen sanft schmelzen und nicht abkühlen lassen. Die Temperatur der Fette sollte zwischen 50 und 60 Grad betragen.

» Kaliumhydroxid genau auswiegen und unter Berücksichtigung der Sicherheitsregeln in das destillierte Wasser einrühren. Für die weitere Verarbeitung ist es von Vorteil, wenn die Lauge noch relativ warm ist. Daher muss sie, nachdem sich das KOH aufgelöst hat, nicht abgekühlt werden, sondern kann sofort verwendet werden.

» Die Lauge zum Öl gießen und die Mischung mit Hilfe des Mixstabes für ungefähr 5 Minuten rühren, bis die Masse andickt.

» Das Holzmehl und die ätherischen Öle einarbeiten.

» Dann die Seifenmasse in ein bereitgestelltes Gefäß füllen.

» Nun wird die fertige Seife gut mit alten Handtüchern oder Bettlaken verpackt und an einen sicheren Platz gestellt, damit sie die Gel-Phase durchlaufen kann.

Bimssteinmehl-Scheuerseife

Bimsstein ist ein sehr leichtes, poröses Vulkangestein, das sich bei explosiven Eruptionen bildet. Abhängig vom Entstehungsgebiet enthält der Stein in unterschiedlichen Zusammensetzungen vor allem Kieselsäure, Kaliumoxid und Natron. Diese Seifenpaste entwickelt einen feinen, üppigen Schaum und ist hervorragend für die Reinigung von Holzböden und weniger empfindlichen Flächen geeignet.

Zutaten

- 250 g Kokosnussfett
- 150 g Olivenöl
- 100 g Rizinusöl

- 300 g destilliertes Wasser
- 110 g KOH
- 100 g Bimssteinmehl
- 10 g ätherisches Zitronenöl
- 10 g ätherisches Thymianöl

Zubereitung

» Das Kokosnussfett zusammen mit den flüssigen Ölen sanft schmelzen und nicht abkühlen lassen. Die Temperatur der Fette sollte zwischen 50 und 60 Grad betragen.

» Kaliumhydroxid genau auswiegen und unter Berücksichtigung der Sicherheitsregeln in das destillierte Wasser einrühren. Für die weitere Verarbeitung ist es von Vorteil, wenn die Lauge noch relativ warm ist. Daher muss sie, nachdem sich das KOH aufgelöst hat, nicht abgekühlt werden, sondern kann sofort verwendet werden.

» Die Lauge zum Öl gießen und die Mischung mit Hilfe des Mixstabes für ungefähr 5 Minuten rühren, bis die Masse andickt.

» Das Bimssteinmehl und die ätherischen Öle einarbeiten.

» Dann die Seifenmasse in ein bereitgestelltes Gefäß füllen. Oder in mehrere Schraubgläser verteilen.

» Nun wird die fertige Seife gut mit alten Handtüchern oder Bettlaken verpackt und an einen sicheren Platz gestellt, damit sie die Gel-Phase durchlaufen kann.

Geschirrspülmittel-Konzentrat

Diese Schmierseife ist die Basis für ein ökologisches und hautfreundliches Geschirrspülmittel. Das Konzentrat ist sehr ergiebig und hinterlässt einen angenehmen Duft. Die ausgesuchten Öle bilden einen stabilen und feinen Schaum. Die Zitronensäure verhindert Kalkflecken auf dem Geschirr.

Es löst selbst angetrocknete Speisereste effektiv und wirkt durch die ausgesuchten Inhaltsstoffe antibakteriell.

Das Konzentrat wird vor dem Gebrauch in einem Mischungsverhältnis 1:5 mit Wasser verdünnt. Dafür werden 50 g Seifenkonzentrat in 250 g warmem Wasser aufgelöst und in eine Flasche oder einen Pumpflakon gefüllt.

Zutaten

- 250 g Kokosnussfett
- 200 g Distelöl
- 50 g Rizinusöl

- 250 g destilliertes Wasser
- 135 g KOH
- 30 g Zitronensäure
- 10 g ätherisches Zitronenöl
- 10 g ätherisches Lavendelöl

Zubereitung

» Das Kokosnussfett zusammen mit den flüssigen Ölen sanft schmelzen und nicht abkühlen lassen. Die Temperatur der Fette sollte zwischen 50 und 60 Grad betragen.

» Die Zitronensäure in 50 g destilliertem Wasser auflösen.

» Kaliumhydroxid genau auswiegen und unter Berücksichtigung der Sicherheitsregeln in 200 g destilliertes Wasser einrühren. Für die weitere Verarbeitung ist es von Vorteil, wenn die Lauge noch relativ warm ist. Daher muss sie, nachdem sich das KOH aufgelöst hat, nicht abgekühlt werden, sondern kann sofort verwendet werden.

» Die Lauge zum Öl gießen und die Mischung mit Hilfe des Mixstabes für ungefähr 5 Minuten rühren, bis die Masse andickt.

» Nun die aufgelöste Zitronensäure einrühren.

» Die ätherischen Öle einarbeiten.

» Dann die Seifenmasse in ein bereitgestelltes Gefäß füllen.

» Nun wird die fertige Seife gut mit alten Handtüchern oder Bettlaken verpackt und an einen sicheren Platz gestellt, damit sie die Gel-Phase durchlaufen kann.

Lederreinigungspaste

Diese Seifenpaste eignet sich vor allem zur Reinigung glatten Leders. Sie säubert Schuhe, Taschen und Kleidung ebenso schonend wie Sitzmöbel und hinterlässt einen angenehmen, balsamischen Duft.

Das in der Seife verarbeitete Benzoe ist ein aromatisches Harz, das von Storaxbäumen gewonnen wird. Das wohlriechende Harz wird hauptsächlich zum Räuchern, aber aufgrund seiner antibakteriellen Wirkung auch zur Konservierung von Lebensmitteln verwendet.

Die Reinigungspaste kann bei stärkerer Verschmutzung pur aufgetragen und nach der Reinigung mit warmem Wasser abgenommen werden. Bei leichter Verschmutzung wird etwas von der Paste im warmen Putzwasser aufgelöst.

Zutaten

- 200 g Kokosnussfett
- 200 g Rapsöl
- 100 g Leinöl
- 10 g grob gemahlenes Benzoeharz

- 250 g destilliertes Wasser
- 107 g KOH
- 5 g ätherisches Anisöl
- 10 g ätherisches Orangenöl

Zubereitung

» Das Kokosnussfett und das Benzoeharz zusammen mit den flüssigen Ölen sanft schmelzen und nicht abkühlen lassen. Die Temperatur der Fette sollte zwischen 50 und 60 Grad betragen.

» Kaliumhydroxid genau auswiegen und unter Berücksichtigung der Sicherheitsregeln in das destillierte Wasser einrühren. Für die weitere Verarbeitung ist es von Vorteil, wenn die Lauge noch relativ warm ist. Daher muss sie, nachdem sich das KOH aufgelöst hat, nicht abgekühlt werden, sondern kann sofort verwendet werden.

» Die Lauge zum Öl gießen und die Mischung mit Hilfe des Mixstabes für ungefähr 5 Minuten rühren, bis die Masse andickt.

» Die ätherischen Öle einarbeiten.

» Dann die Seifenmasse in ein bereitgestelltes Gefäß füllen. Oder in mehrere Schraubgläser verteilen.

» Nun wird die fertige Seife gut mit alten Handtüchern oder Bettlaken verpackt.

Diese Seife ist die Grundlage für das nachfolgende Rezept.

Kräuter-Schmierseife

Diese universell einsetzbare Putzseife ist mein persönlicher Favorit. Sie duftet herrlich nach Kräutern und hinterlässt frische Sauberkeit.

Zutaten

- 250 g Kokosnussfett
- 200 g Olivenöl
- 50 g Rizinusöl

- 250 g Kräuteraufguss oder Pflanzenwirkstoffwasser aus Rosmarinzweigen
- 118 g KOH
- 10 g Zitronensäure
- 5 g ätherisches Lavendelöl
- 5 g ätherisches Pfefferminzöl
- 5 g ätherisches Rosmarinöl

Zubereitung

» Das Kokosnussfett zusammen mit den flüssigen Ölen sanft schmelzen und nicht abkühlen lassen. Die Temperatur der Fette sollte zwischen 50 und 60 Grad betragen.

» Einen Kräuteraufguss oder ein Pflanzenwirkstoffwasser aus Rosmarinzweigen herstellen.

» Die Zitronensäure in 50 g Kräuteraufguss bzw. Pflanzenwirkstoffwasser auflösen.

» Kaliumhydroxid genau auswiegen und unter Berücksichtigung der Sicherheitsregeln in 250 g Kräuteraufguss bzw. Pflanzenwirkstoffwasser einrühren. Für die weitere Verarbeitung ist es von Vorteil, wenn die Lauge noch relativ warm ist. Daher muss sie, nachdem sich das KOH aufgelöst hat, nicht abgekühlt werden, sondern kann sofort verwendet werden.

» Die Lauge zum Öl gießen und die Mischung mit Hilfe des Mixstabes für ungefähr 5 Minuten rühren, bis die Masse andickt.

» Nun die aufgelöste Zitronensäure einrühren.

» Die ätherischen Öle einarbeiten.

» Dann die Seifenmasse in ein bereitgestelltes Gefäß füllen. Oder in mehrere Schraubgläser verteilen.

» Nun wird die fertige Seife gut mit alten Handtüchern oder Bettlaken verpackt und an einen sicheren Platz gestellt, damit sie die Gel-Phase durchlaufen kann.

Herstellung eines Kräuter-Essigreinigers

Zuerst wird aus Kräutern und Essig ein Essigauszug bereitet. Die hier vorgeschlagenen Kräuter können nach Belieben und Geschmack ausgetauscht werden.

Zutaten Kräuteressig

- 1 Handvoll Pfefferminzblätter
- Einige Stängel Lavendel
- 1 Handvoll Salbei- oder Rosmarinblätter
- 500 g Essig

Herstellung Kräuteressig

» Die Kräuter grob zerkleinern und in ein verschließbares Glas geben. Es sollte kein Kunststoffbehältnis sein, da die Essigsäure bedenkliche Bestandteile aus dem Kunststoff löst.

» Mit Essig aufgießen, so dass die Kräuter gut bedeckt sind. Für ein paar Tage verschlossen stehen lassen, bis die Kräuter den Essig dunkel färben.

» Um Schimmelbildung zu vermeiden, sollte stets darauf geachtet werden, dass die Kräuter immer gut mit Essig bedeckt sind.

» Dann wird der Essigauszug abgesiebt, so dass sich keine Kräuterreste mehr im Essig befinden.

Zutaten Kräuter-Essigreiniger

- 10 g Kräuter-Schmierseife
- 100 g Kräuteressig
- 5–10 Tropfen ätherisches Öl nach Geschmack

Herstellung Kräuter-Essigreiniger

» Die Schmierseife im Essig auflösen.

» Eventuell einige Tropfen ätherische Öle beimengen.

» In eine Sprüh- oder Pumpflasche füllen – schütteln – fertig.

Zitrus-Schmierseife

Orangen, Mandarinen, Zitronen oder Clementinen sind sehr lecker und in der Jahreszeit verfügbar, wenn wir ihre Vitamine brauchen. Zitrusfrüchte helfen uns gesund über den Winter zu kommen. Ihre Verwendung in der Küche ist vielfältig und nach dem Verzehr bleiben nur noch die Schalen zurück. Doch diese sind viel zu schade zum Wegwerfen, denn sie können noch vielseitig eingesetzt werden. Die daraus hergestellte Schmierseife riecht nicht nur fruchtig-lecker, sondern hat auch eine hervorragende Reinigungswirkung. Zitrusgewächse schützen ihre Früchte mit einer Schale, die aus mehreren Fruchtwänden besteht. In der äußeren befinden sich Drüsen, die ätherische Öle bilden. Diese dienen der Abwehr von Schädlingen, Pilzen und Bakterien. Der Hauptbestandteil der ätherischen Öle sind Terpene, die fettlösend und desinfizierend wirken. Diese Eigenschaften können wir für diese ökologische Seife nutzen, um selbst hartnäckige Verschmutzungen zu lösen.

Zutaten

- 250 g Kokosnussfett
- 250 g Sonnenblumenöl

- 250 g Kräuteraufguss oder Pflanzenwirkstoffwasser aus Zitrusschalen
- 119 g KOH
- 10 g Zitronensäure
- 5 g ätherisches Zitronenöl
- 5 g ätherisches Orangenöl
- 5 g ätherisches Limettenöl

Zubereitung

» Das Kokosnussfett zusammen mit dem Sonnenblumenöl sanft schmelzen und nicht abkühlen lassen. Die Temperatur der Fette sollte zwischen 50 und 60 Grad betragen.

» Einen Kräuteraufguss oder ein Pflanzenwirkstoffwasser aus Zitrusschalen herstellen. Hierbei eignen sich zum Beispiel Orangen-, Zitronen-, Grapefruit-, Mandarinen- oder Limettenschalen.

» Die Zitronensäure in 50 g Kräuteraufguss bzw. Pflanzenwirkstoffwasser auflösen.

» Kaliumhydroxid genau auswiegen und unter Berücksichtigung der Sicherheitsregeln in 250 g Kräuteraufguss bzw. Pflanzenwirkstoffwasser einrühren. Für die weitere Verarbeitung ist es von Vorteil, wenn die Lauge noch relativ warm ist. Daher muss sie, nachdem sich das KOH aufgelöst hat, nicht abgekühlt werden, sondern kann sofort verwendet werden.

» Die Lauge zum Öl gießen und die Mischung mit Hilfe des Mixstabes für ungefähr 5 Minuten rühren, bis die Masse andickt.

» Nun die aufgelöste Zitronensäure einrühren.

» Die ätherischen Öle einarbeiten.

» Dann die Seifenmasse in ein bereitgestelltes Gefäß füllen. Oder in mehrere Schraubgläser verteilen.

» Nun wird die fertige Seife gut mit alten Handtüchern oder Bettlaken verpackt und an einen sicheren Platz gestellt, damit sie die Gel-Phase durchlaufen kann.

Diese Seife ist nun die Grundlage für das nachfolgende Rezept.

Polierpaste mit Wiener Kalk

Den Begriff „wie gewienert" habe ich schon oft gehört, mir aber über die Bedeutung nie Gedanken gemacht. In einem alten Haushaltsbuch stieß ich auf den „Wiener Kalk" und da erklärte sich auch der Begriff. Wiener Kalk ist eine Mischung aus etwa 25 % Kaolinit und etwa 75 % sehr fein gemahlenem Quarz. Kaolinit ist der Hauptbestandteil der Tonerde Kaolin, dieser lockert die Quarzpartikel im Gemenge auf. Wiener Kalk poliert glatte Oberflächen glänzend sauber.

Ich verwende diese Polierpaste sehr gerne zum Reinigen der Badkeramik und der Gusseisen-Badewanne.

Zutaten

- 50 g Zitrus-Schmierseife
- 40 g Wiener Kalk
- 50 g Wasser
- 10 Tropfen ätherisches Orangen- oder Zitronenöl

Herstellung

» Die Schmierseife in heißem Wasser auflösen.

» Den Wiener Kalkt einarbeiten.

» Die ätherischen Öle eintropfen.

» Eventuell mit Hilfe des Mixstabes verrühren, bis eine homogene Masse entsteht.

» In einen Tiegel füllen und verschließen.

Essig-Schmierseife gegen Schimmel und Kalk

Die im Essig enthaltene Essigsäure wirkt kalklösend und desinfizierend. Zudem reagiert Essigsäure mit Eisenoxid, also Rost, und entfernt diesen zuverlässig. Die neutralisierende Wirkung der Essigsäure auf die Lauge ist im Rezept berücksichtigt, verwendet wurde Speiseessig mit 5 % Säure. Die ausgewählten Öle und ätherischen Öle unterstützen die Wirkung der Seife.

Zutaten

- 250 g Kokosnussfett
- 200 g Sonnenblumenöl
- 50 g Schwarzkümmelöl

- 200 g destilliertes Wasser
- 100 g Speiseessig
- 115 g KOH
- 10 g ätherisches Zitronenöl
- 10 g ätherisches Salbeiöl

Zubereitung

» Das Kokosnussfett zusammen mit den flüssigen Ölen sanft schmelzen und nicht abkühlen lassen. Die Temperatur der Fette sollte zwischen 50 und 60 Grad betragen.

» Kaliumhydroxid genau auswiegen und unter Berücksichtigung der Sicherheitsregeln in das destillierte Wasser einrühren. Für die weitere Verarbeitung ist es von Vorteil, wenn die Lauge noch relativ warm ist. Daher muss sie, nachdem sich das KOH aufgelöst hat, nicht abgekühlt werden, sondern kann sofort verwendet werden.

» Die Lauge zum Öl gießen und die Mischung mit Hilfe des Mixstabes kurz verrühren.

» Nun den Essig in einem dünnen Strahl einfließen lassen und für ungefähr 5 Minuten rühren, bis die Masse andickt.

» Die ätherischen Öle einarbeiten.

» Dann die Seifenmasse in ein bereitgestelltes Gefäß füllen. Oder in mehrere Schraubgläser verteilen.

» Nun wird die fertige Seife gut mit alten Handtüchern oder Bettlaken verpackt.

Waschmittel aus Seife selbst herstellen? Ja, aber nicht für die Waschmaschine!

Vor der Einführung moderner elektrischer Waschmaschinen wurde die Wäsche in Seifenlauge gereinigt. Diese ist jedoch für Waschmaschinen nicht geeignet, da geriebene Seife in der Waschmaschine sehr schäumt. Aus diesem Grund sind industriell hergestellten Waschmitteln sogenannte *Schaumbremser* zugesetzt. Zu viel Schaum reduziert auch die Waschkraft, ähnlich wie beim Überdosieren von Waschmitteln, da die Wäsche durch die hohe Schaumentwicklung kaum noch Reibung in der Trommel hat. Diese mechanische Reibung an der Trommel ersetzt das Waschbrett und ist ausschlaggebend für die reinigende Wirkung. Letztendlich verstopfen selbst minimale Seifenreste den Abflussschlauch.

Jedoch eignet sich weiche Naturseife sehr gut als Handwaschmittel für Wolle und Feinwäsche. Gerade naturbelassene Textilfasern reagieren empfindlich auf stark alkalische Waschmittel. Selbst gesiedete Naturseife ist zudem frei von hautschädlichen Zusatzstoffen, reinigt empfindliche Textilien zuverlässig und trägt zur langen Haltbarkeit der Kleidung bei.

Für die Anwendung:

- Eine kleine Menge der Seife wird im handwarmen Waschwasser aufgelöst.
- Dann die Wäsche einlegen, sanft ins Wasser drücken und locker darin bewegen.
- Nach der Wäsche mit handwarmem, klarem Wasser ausspülen.
- Empfindliche Kleidungsstücke nicht wringen, sondern in Handtücher wickeln und ausdrücken.

Wollwaschmittel

Die weiche Wollwaschseife enthält einen hohen Anteil an Lanolin und ist dadurch bestens auf die Reinigung von empfindlichen tierischen Fasern abgestimmt. Lanolin oder Wollwachs ist das Sekret aus den Talgdrüsen von Schafen. Bei der Wäsche von Textilien aus Wolle wird Lanolin von den Fasern aufgenommen. Dadurch wird das Kleidungsstück auf natürliche Weise weich.

Das ätherische Lavendelöl unterstützt die antibakterielle Wirkung des Waschmittels und beugt Schädlingsbefall vor. Es kann jedoch auch weggelassen werden, wenn der Geruch als störend empfunden wird.

Zutaten

- 200 g Kokosnussfett
- 200 g Sonnenblumenöl
- 100 g Lanolin

- 250 g destilliertes Wasser
- 97 g KOH
- 5 g ätherisches Lavendelöl

Zubereitung

» Kokosnussfett und Lanolin zusammen mit dem Sonnenblumenöl sanft schmelzen und nicht abkühlen lassen. Die Temperatur der Fette sollte zwischen 50 und 60 Grad betragen.

» Kaliumhydroxid genau auswiegen und unter Berücksichtigung der Sicherheitsregeln in das destillierte Wasser einrühren. Für die weitere Verarbeitung ist es von Vorteil, wenn die Lauge noch relativ warm ist. Daher muss sie, nachdem sich das KOH aufgelöst hat, nicht abgekühlt werden, sondern kann sofort verwendet werden.

» Die Lauge zum Öl gießen und die Mischung mit Hilfe des Mixstabes für ungefähr 5 Minuten rühren, bis die Masse andickt.

» Das ätherische Öl einarbeiten.

» Dann die Seifenmasse in ein bereitgestelltes Gefäß füllen.

» Nun wird die fertige Seife gut mit alten Handtüchern oder Bettlaken verpackt und an einen sicheren Platz gestellt, damit sie die Gel-Phase durchlaufen kann.

Feinwaschmittel

Empfindliche Textilien brauchen eine schonende Handwäsche mit einem sanften Waschmittel. Doch auch stark abfärbende Kleidungsstücke können mit dieser Seife separat im Waschbecken gewaschen werden.

Zutaten

- 250 g Kokosnussfett
- 150 g Olivenöl
- 100 g Rizinusöl

- 250 g destilliertes Wasser
- 110 g KOH
- 5 g ätherisches Öl nach Geschmack

Zubereitung

» Kokosnussfett zusammen mit den flüssigen Ölen sanft schmelzen und nicht abkühlen lassen. Die Temperatur der Fette sollte zwischen 50 und 60 Grad betragen.

» Kaliumhydroxid genau auswiegen und unter Berücksichtigung der Sicherheitsregeln in das destillierte Wasser einrühren. Für die weitere Verarbeitung ist es von Vorteil, wenn die Lauge noch relativ warm ist. Daher muss sie, nachdem sich das KOH aufgelöst hat, nicht abgekühlt werden, sondern kann sofort verwendet werden.

» Die Lauge zum Öl gießen und die Mischung mit Hilfe des Mixstabes für ungefähr 5 Minuten rühren, bis die Masse andickt.

» Das ätherische Öl einarbeiten.

» Dann die Seifenmasse in ein bereitgestelltes Gefäß füllen.

» Nun wird die fertige Seife gut mit alten Handtüchern oder Bettlaken verpackt und an einen sicheren Platz gestellt, damit sie die Gel-Phase durchlaufen kann.

Natürlicher Weichspüler

mit Essig und Kräutern

Ergänzend zu den Handwaschseifen möchte ich hier einen umweltschonenden und leicht herzustellenden Weichspüler vorstellen.

Essig neutralisiert verbliebene Seifenreste im Textilmaterial und glättet die Fasern. Die Kräuter verleihen der Spülung einen feinen Duft und zusätzlichen Schutz vor Schädlingsbefall. Ich bevorzuge Lavendel, doch auch Rosenblüten, Echtes Labkraut, Waldmeister, Lindenblüten, Holunderblüten, Minze, Salbei oder Melisse eignen sich hervorragend.

Zutaten

- 1 Liter Wasser
- ½ Litermaß frische oder getrocknete Kräuter
- 5 Esslöffel naturtrüber Apfelessig

Zubereitung

» Kräuter in eine Schüssel geben.

» Wasser erwärmen und damit die Blüten übergießen.

» Sorgfältig umrühren und ziehen lassen, bis der Sud erkaltet ist.

» Die Flüssigkeit durchsieben, damit keine Pflanzenreste in der Spülung sind.

» Dann den Apfelessig einrühren. In Flaschen abfüllen und gut verschließen.

Anwendung

» Die Dosierung ist von der Textilmenge abhängig. Etwa 1 Tasse des Weichspülers ins letzte Spülbad geben und nicht ausspülen.

AQ.
ROSAE

Pflegende Shampoos

Volles Haar drückt Vitalität aus – eine schöne Haarpracht ist ein weit verbreitetes Schönheitsideal. Moderne Haarpflegemittel versprechen Glanz und Fülle nach jeder Wäsche. Doch konventionelle Shampoos enthalten meistens sehr viele völlig überflüssige und unnötige Chemikalien. Ich denke dabei vor allem an die in Haarpflegemitteln enthaltenen Silikone. Das nicht wasserlösliche Silikon umschließt die Haare und bildet einen hartnäckigen Film um Haare und auf der Kopfhaut. Selbst wenn ein Shampoo im Namen die Worte Kräuter oder Essenz führt, heißt das nicht, dass tatsächlich pflanzliche Bestandteile im Produkt sind. Sehr irreführend sind die Hinweise auf frischen Kräuterduft, der jedoch von billigen synthetischen Parfümen erzeugt wird. Den größeren Anteil haben Inhaltsstoffe mit weniger ansprechenden Namen wie *Polyquaternium* oder *Methylchloroisothiazolinon*.

Selbst hergestellte Shampooseifen sind die verpackungsfreie und umweltfreundliche Alternative zu herkömmlichen Shampoos aus der Plastikflasche.

Die natürlichen Inhaltsstoffe werden individuell nach den eigenen Bedürfnissen ausgewählt. Frei von künstlichen Düften, Konservierungs- und Farbstoffen reinigen sie selbst empfindliche Kopfhaut schonend. Wertvolle Pflanzenöle pflegen das Haar, ohne es zu beschweren. Ätherische Öle und pflanzliche Wirkstoffe fördern die Gesundheit der Kopfhaut und hinterlassen einen zarten Duft.

Die weichen Shampooseifen sind in der Anwendung den herkömmlichen Shampoos sehr ähnlich und in der Handhabung vor allem bei längeren Haaren leichter als die Verwendung von Stückseifen.

Ich bin dazu übergegangen ein Basisshampoo zu sieden, dieses ist einfach herzustellen und sehr ergiebig. Die Menge des Basisrezeptes reicht für viele weitere Kreationen, die den Bedürfnissen des Haars und der Kopfhaut angepasst werden. Das Rezept ist ohne Überfettung und die Seife ist daher sehr lange haltbar. Ich rühre die Seife in einem großen Einmachglas an und lasse sie darin auch bis zur Entnahme ruhen.

Basisrezept Shampoopaste

Durch die Zugabe von Hydrolaten oder Kräuteraufgüssen kann die Konsistenz individuell eingestellt werden. Der in den Rezepten angegebene Wasseranteil ist ein ungefährer Wert. Das Anreichern mit wertvollen Pflanzenölen schenkt dem Haar und der Kopfhaut die nötige Pflege. Ätherische Öle verleihen den Shampoos nicht nur wunderbare Düfte, sondern können auch gegen spezielle Hautprobleme eingesetzt werden.

Zutaten

- 200 g Kokosnussfett
- 200 g Traubenkernöl
- 50 g Distelöl
- 50 g Rizinusöl

- 250 g destilliertes Wasser
- 121 g KOH
- 20 g Zitronensäure

Zubereitung

» Das Kokosnussfett zusammen mit den flüssigen Ölen sanft schmelzen und nicht abkühlen lassen. Die Temperatur der Fette sollte zwischen 50 und 60 Grad betragen.

» Die Zitronensäure in 50 g destilliertem Wasser auflösen.

» Kaliumhydroxid genau auswiegen und unter Berücksichtigung der Sicherheitsregeln in 200 g destilliertes Wasser einrühren. Für die weitere Verarbeitung ist es von Vorteil, wenn die Lauge noch relativ warm ist. Daher muss sie, nachdem sich das KOH aufgelöst hat, nicht abgekühlt werden, sondern kann sofort verwendet werden.

» Die Lauge zum Öl gießen und die Mischung mit Hilfe des Mixstabes für ungefähr 5 Minuten rühren, bis die Masse andickt.

» Nun die aufgelöste Zitronensäure einrühren.

» Dann die Seifenmasse in ein bereitgestelltes Gefäß füllen, bzw. im Einmachglas lassen.

» Nun wird die fertige Seife gut mit alten Handtüchern oder Bettlaken verpackt und an einen sicheren Platz gestellt, damit sie die Gel-Phase durchlaufen kann.

Cremeshampoo mit Lavaerde

Dieses cremige Shampoo beruhigt die Kopfhaut und hilft gegen trockene Spitzen.

Lavaerde (Ghassoul) ist ein gemahlenes Tonmineral, das im nordafrikanischen Raum traditionell zur Körperreinigung verwendet wird. Wie alle mineralischen Tonerden bindet sie Flüssigkeiten, reinigt sanft, aber gründlich.

Zutaten

- 50 g Basis-Shampoopaste
- 100 g Rosenwasser
- 5 g Arganöl
- 10 g Lavaerde
- 10 Tropfen ätherisches Rosenholzöl

Herstellung

» Das Rosenwasser sanft erwärmen.

» Basisshampoo mit Hilfe des Mixstabes mit dem Rosenwasser verrühren, bis eine homogene Masse entsteht.

» Arganöl, Lavaerde und ätherisches Rosenholzöl einarbeiten.

» In einen Tiegel füllen und verschließen.

Anwendung

» Ungefähr einen Esslöffel des Shampoos mit etwas Wasser in den Handflächen verreiben und dann in die Kopfhaut einmassieren. Danach die Kopfhaut mit Wasser abspülen. Beim Abfließen des Wassers werden die Haarlängen gereinigt.

Zitronenmelisse-Thymian-Shampoo

Dieses Shampoo lässt das Haar glänzen und beruhigt die Kopfhaut.

Zutaten

- 50 g Basis-Shampoopaste
- 100 g Zitronenmelisse-Aufguss
- 5 g Sheabutter
- 5–10 Tropfen ätherisches Thymianöl
- 5–10 Tropfen ätherisches Zitronenöl

Herstellung

» Aus ungefähr 20 Melissenblättern und destilliertem Wasser einen Aufguss herstellen. Dafür werden die Blätter mit warmem, nicht heißem Wasser übergossen. Nach 20 bis 30 Minuten kann der Aufguss abgesiebt werden.

» Sheabutter sanft schmelzen.

» Basisshampoo mit Hilfe des Mixstabes mit dem warmen Aufguss und der noch flüssigen Sheabutter verrühren, bis eine homogene Masse entsteht.

» Die ätherischen Öle einarbeiten.

» In einen Tiegel oder eine Pumpflasche füllen und verschließen.

Anwendung

» Das Shampoo ist durch den höheren Wasseranteil so flüssig, dass für die Handhabung eine Pumpflasche ideal ist.

» Diese wird vor der Anwendung kurz geschüttelt.

» Shampoo in den Handflächen verreiben und dann in die Kopfhaut einmassieren.

» Danach die Kopfhaut mit Wasser abspülen. Beim Abfließen des Wassers werden die Haarlängen gereinigt

Lavendel-Shampoo

Lavendel reinigt die Haare sanft, beruhigt die Kopfhaut und lässt die Haare glänzen. Das reichhaltige Weizenkeimöl sorgt für Fülle und Volumen.

Zutaten

- 50 g Basis-Shampoopaste
- 100 g Lavendel-Aufguss oder Lavendelhydrolat
- 5 g Weizenkeimöl
- 5–10 Tropfen ätherisches Lavendelöl

Herstellung

» Alternativ zum Lavendelhydrolat kann aus ungefähr 5 g Lavendelblüten und destilliertem Wasser ein Aufguss hergestellt werden. Dafür werden die Blätter mit heißem Wasser übergossen. Nach 20 bis 30 Minuten kann der Aufguss abgesiebt werden.

» Basisshampoo mit Hilfe des Mixstabes mit dem warmen Aufguss bzw. leicht erwärmten Hydrolat und dem Weizenkeimöl verrühren, bis eine homogene Masse entsteht.

» Das ätherische Lavendelöl einarbeiten.

» In einen Tiegel oder eine Pumpflasche füllen und verschließen.

Anwendung

» Das Shampoo ist durch den höheren Wasseranteil so flüssig, dass für die Handhabung eine Pumpflasche ideal ist.

» Diese wird vor der Anwendung kurz geschüttelt.

» Shampoo in den Handflächen verreiben und dann in die Kopfhaut einmassieren.

» Danach die Kopfhaut mit Wasser abspülen. Beim Abfließen des Wassers werden die Haarlängen gereinigt.

Basisrezept Shampoopaste

gegen fettende, schuppende Kopfhaut

Zutaten

- 100 g Kokosnussfett
- 100 g Babassuöl
- 100 g Hanföl
- 100 g Baumwollsaatöl
- 50 g Rizinusöl

- 200 g destilliertes Wasser
- 97 g KOH

Zubereitung

» Das Kokosnussfett und Babassuöl zusammen mit den flüssigen Ölen sanft schmelzen und nicht abkühlen lassen. Die Temperatur der Fette sollte zwischen 50 und 60 Grad betragen.

» Kaliumhydroxid genau auswiegen und unter Berücksichtigung der Sicherheitsregeln in das destillierte Wasser einrühren.

» Für die weitere Verarbeitung ist es von Vorteil, wenn die Lauge noch relativ warm ist. Daher muss sie, nachdem sich das KOH aufgelöst hat, nicht abgekühlt werden, sondern kann sofort verwendet werden.

» Die Lauge zum Öl gießen und die Mischung mit Hilfe des Mixstabes für ungefähr 5 bis 10 Minuten rühren, bis die Masse andickt.

» Dann die Seifenmasse in ein bereitgestelltes Gefäß füllen, bzw. im Einmachglas lassen.

» Nun wird die fertige Seife gut mit alten Handtüchern oder Bettlaken verpackt und an einen sicheren Platz gestellt, damit sie die Gel-Phase durchlaufen kann.

- *Damit die Seife nicht austrocknet, muss das Gefäß für die Aufbewahrung verschlossen werden.*

Diese weiche Seife ist die Grundlage für die nachfolgenden Rezepte.

Hanf-Brennnessel-Shampoo

Dieses Shampoo hilft gegen fettende, schuppige Kopfhaut und regt das Haarwachstum an.

Zutaten

- 50 g Basis-Shampoopaste
- 100 g Brennnessel-Aufguss
- 5 g Hanföl
- 5–10 Tropfen ätherisches Thymianöl
- 5–10 Tropfen ätherisches Zitronenöl

Herstellung

» Aus ungefähr 20 Brennnesselblättern und destilliertem Wasser einen Aufguss herstellen. Dafür werden die Brennnesselblätter mit warmem, nicht heißem Wasser übergossen. Nach 20 bis 30 Minuten kann der Aufguss abgesiebt werden.

» Basisshampoo mit Hilfe des Mixstabes mit dem warmen Aufguss verrühren, bis eine homogene Masse entsteht.

» Hanföl und ätherische Öle einarbeiten.

» In einen Tiegel füllen und verschließen.

Anwendung

» Ungefähr einen Esslöffel des Shampoos mit etwas Wasser in den Handflächen verreiben und dann in die Kopfhaut einmassieren. Danach die Kopfhaut mit Wasser abspülen. Beim Abfließen des Wassers werden die Haarlängen gereinigt.

Teebaum-Salbei-Shampoo

Dieses Shampoo hilft gegen fettende, schuppige Kopfhaut und lindert Juckreiz. Teebaumöl ist sehr wirkungsvoll, aber nicht gerade ein Nasenschmeichler. Daher können der Rezeptur noch einige Tropfen ätherisches Mandarinen- oder Orangenöl beigefügt werden.

Zutaten

- 50 g Basis-Shampoopaste
- 100 g Salbeitee oder Salbeihydrolat
- 5 g Aprikosenkernöl oder Mandelöl
- 5–10 Tropfen ätherisches Teebaumöl
- 5–10 Tropfen ätherisches Mandarinen- oder Orangenöl

Herstellung

» Aus etwa 10 Salbeiblättern und destilliertem Wasser einen Aufguss herstellen. Dafür werden die Blätter mit warmem, nicht heißem Wasser übergossen. Nach 20 bis 30 Minuten kann der Aufguss abgesiebt werden.

» Oder das Hydrolat sanft erwärmen.

» Basisshampoo mit Hilfe des Mixstabes mit dem warmen Aufguss verrühren, bis eine homogene Masse entsteht.

» Aprikosenkernöl bzw. Mandelöl und ätherische Öle einarbeiten.

» In einen Tiegel füllen und verschließen.

Anwendung

» Ungefähr einen Esslöffel des Shampoos mit etwas Wasser in den Handflächen verreiben und dann in die Kopfhaut einmassieren. Danach die Kopfhaut mit Wasser abspülen. Beim Abfließen des Wassers werden die Haarlängen gereinigt.

Aloe-Vera-Oliven-Shampoo

Dieses Shampoo hilft gegen fettende, juckende Kopfhaut und regeneriert sie. Olivenöl pflegt die Haare.

Zutaten

- 50 g Basis-Shampoopaste
- 100 g Aloe-Vera-Saft
- 5 g Olivenöl
- 5–10 Tropfen ätherisches Lavendelöl
- 5–10 Tropfen ätherisches Zitronenöl

Herstellung

» Aloe-Vera-Saft sanft erwärmen.

» Basisshampoo mit Hilfe des Mixstabes mit dem warmen Saft verrühren, bis eine homogene Masse entsteht.

» Olivenöl und ätherische Öle einarbeiten.

» In einen Tiegel oder eine Flasche füllen und verschließen.

Anwendung

» Ungefähr einen Esslöffel des Shampoos mit etwas Wasser in den Handflächen verreiben und dann in die Kopfhaut einmassieren. Danach die Kopfhaut mit Wasser abspülen. Beim Abfließen des Wassers werden die Haarlängen gereinigt.

Unkomplizierte Pflegespülungen

für glänzendes Haar und gesunde Kopfhaut

Eine *saure Rinse* ergänzt die Haarpflege nach der Wäsche. Diese pflegende Spülung kann aus wenigen natürlichen Zutaten leicht selbst hergestellt werden. Die Säure glättet und schließt die äußere Schuppenschicht und lässt das Haar glänzen.

Apfelessig schenkt dem Haar gesunden Glanz, denn die enthaltene Säure glättet und schließt die äußere Schuppenschicht der Haare. Auch für die Kopfhaut ist Apfelessig eine Wohltat. Die Essigsäure hat eine antiseptische Wirkung und verhindert so das Ausbreiten infektiöser Keime. Zudem wirkt Apfelessig entzündungshemmend und regt die Heilung an.

Ergänzt werden die Spülungen mit Saft aus Zitrusfrüchten. Die Säure löst nach dem Waschen mit Leitungswasser die im Haar verbliebenen Kalkreste und verhindert so ein allmähliches Abstumpfen.

Die Anwendung ist sehr einfach: Nach jeder Wäsche wird die Spülung über Kopfhaut und Haare gegossen. Ein weiteres Nachspülen mit Wasser ist nicht mehr nötig.

Strahlendes Blond mit Holunderblüten und Kamille

Kamille und Holunderblüten hellen das Haar sanft auf, der Honig spendet Feuchtigkeit und wirkt Haarbruch entgegen.

Zutaten

- 1 Liter Wasser
- ½ Litermaß frische oder getrocknete Holunderblüten
- ½ Litermaß getrocknete Kamillenblüten
- 50 g Apfelessig
- 1 Zitrone
- 1 Esslöffel Honig

Zubereitung

» Holunder- und Kamillenblüten in eine Schüssel geben. Wasser aufkochen und damit die Blüten übergießen. Sorgfältig umrühren und ziehen lassen, bis der Sud erkaltet ist. Die Flüssigkeit durchsieben, sodass keine Pflanzenreste in der Spülung sind, und Honig darin auflösen. Zitrone auspressen und den Saft zusammen mit dem Apfelessig einrühren. In Flaschen abfüllen und gut verschließen.

Birke und Brennnessel – Frühjahrskur für üppigen Haarwuchs

Schon im zeitigen Frühjahr treiben die zartgrünen Birkenblätter aus und die anspruchslose Brennnessel erobert die noch kahlen Böden. Selbstverständlich können die Blätter auch bis in den Herbst hinein gesammelt werden. Sowohl Brennnessel- als auch Birkenblätter sind für ihre Wirkung gegen Haarausfall bekannt.

Zutaten

- 1 Liter Wasser
- 1 Handvoll Brennnesselblätter
- 1 Handvoll Birkenblätter
- 100 g Apfelessig
- 1 Esslöffel Limettensaft

Zubereitung

» Die gesammelten Blätter waschen, abtrocknen und in eine Schüssel geben. Den Apfelessig erhitzen, aber nicht zum Kochen bringen und heiß über die Blätter gießen. Den Sud eine Weile ziehen lassen, bis er abgekühlt ist. Durch ein Sieb gießen, in Flaschen abfüllen, Apfelessig und Limettensaft zufügen und gut verschließen.

Hopfenblüten und Honig – beruhigte Kopfhaut, gekräftigtes Haar

Hopfenblüten enthalten Pflanzenöstrogene, die den Haarwuchs fördern. Honig festigt das Haar und lässt es glänzen. Gleichzeitig beruhigen sowohl Hopfen wie auch der Honig die Kopfhaut.

Zutaten

- 1 Liter Wasser
- 1 Handvoll getrocknete oder frische Hopfenblüten
- 50 g Apfelessig
- 1 Esslöffel Zitronensaft
- 1 Esslöffel Honig

Zubereitung

» Die Hopfenblüten in eine Schüssel geben. Wasser aufkochen und damit die Blüten übergießen. Sorgfältig umrühren und ziehen lassen, bis der Sud erkaltet ist. Die Flüssigkeit durchsieben, sodass keine Pflanzenreste in der Spülung sind, und Honig darin auflösen. Zitrone auspressen und den Saft zusammen mit dem Apfelessig einrühren. In Flaschen abfüllen und gut verschließen.

Duftender Glanz durch Zitronenmelisse und Thymian

Zitronenmelisse und Thymian sind zwei bekannte Küchenkräuter, die sowohl im Garten als auch auf der Fensterbank üppig gedeihen. Diese Spülung eignet sich vor allem für leicht fettendes Haar.

Zutaten

- 1 Liter Wasser
- 1 Handvoll Zitronenmelisseblätter
- 3 Zweige Thymian
- 100 g Apfelessig
- 1 Esslöffel Zitronensaft

Zubereitung

» Die gesammelten Kräuter waschen, abtrocknen und in eine Schüssel geben. Den Apfelessig erhitzen, aber nicht zum Kochen bringen und heiß über die Kräuter gießen. Den Sud eine Weile ziehen lassen, bis er abgekühlt ist. Durch ein Sieb gießen, in Flaschen abfüllen, Apfelessig und Zitronensaft zufügen und gut verschließen.

Rosenblüten und Honig – gegen trockenes Haar

Rosenblüten duften nicht nur herrlich, sondern pflegen das Haar und lassen es glänzen. Der Honig spendet Feuchtigkeit, kräftigt das Haar und wirkt Haarbruch entgegen.

Zutaten Rosenessig

- 1 Handvoll frische Rosenblütenblätter
- 100 g Apfelessig

Zutaten Haarspülung

- 50 g Rosenwasser
- 10 g Rosenessig
- 1 Teelöffel Honig

Zubereitung

» Für die Zubereitung dieser Haarspülung braucht man etwas Zeit. Die Basis ist ein Rosenblütenessig, der für zwei bis drei Wochen ziehen sollte. Dafür werden die Blütenblätter einer duftenden Rose gewaschen, in ein Handtuch gewickelt und für ein paar Stunden angetrocknet. Dann werden sie in ein Schraubglas geschichtet und mit leicht erwärmtem Apfelessig übergossen. Das Glas wird dann für mindestens zwei Wochen auf die Fensterbank gestellt, damit der Essig die Rosenblüten auszieht. Während dieser Zeit muss darauf geachtet werden, dass das Pflanzenmaterial stets gut mit Essig bedeckt ist, damit es nicht schimmeln kann.

» Nach der Reifezeit wird der Essig gefiltert und in sauberen Flaschen verschlossen aufbewahrt. So ist er gut ein Jahr haltbar und die Spülung kann immer wieder angerührt werden. Alternativ können auch getrocknete Rosenblütenblätter im Teeladen gekauft werden.

Zubereitung Haarspülung

» Für die Zubereitung der Spülung werden das Rosenwasser und der Rosenessig leicht erwärmt und der Honig darin aufgelöst. Auf weitere Zutaten habe ich bei diesem Rezept verzichtet, damit der schöne Duft nicht gestört wird.

Salbei und Lavendel – gegen fettende Kopfhaut und Schuppen

Die antibakterielle und antimykotische Wirkung der beiden Kräuter reguliert den Talghaushalt und hemmt die Ausbreitung von Hautpilzen auf der Kopfhaut.

Zutaten

- 1 Liter Wasser
- 1 Handvoll Salbeiblätter
- 1 Handvoll Lavendelblüten und -blätter
- 100 g Apfelessig
- 1 Esslöffel Zitronensaft

Zubereitung

» Die gesammelten Kräuter waschen, abtrocknen und in eine Schüssel geben. Alternativ können auch getrocknete Kräuter verwendet werden. Den Apfelessig erhitzen, aber nicht zum Kochen bringen und heiß über die Kräuter gießen. Den Sud eine Weile ziehen lassen, bis er abgekühlt ist. Durch ein Sieb gießen, in Flaschen abfüllen, Apfelessig und Zitronensaft zufügen und gut verschließen.

Kräftiges kastanienbraunes Haar durch Walnussblätter

Diese Haarspülung aus Walnussbaumblättern kräftigt das Haar und soll sogar graues Haar sanft tönen.

Zutaten

- 1 Liter Wasser
- 1 Handvoll klein geschnittene Walnussbaumblätter
- 100 g Apfelessig
- 1 Esslöffel Zitronensaft

Zubereitung

» Die Walnussbaumblätter waschen, abtrocknen, zerkleinern und in eine Schüssel geben. Den Apfelessig erhitzen, aber nicht zum Kochen bringen und heiß über die klein geschnittenen Blätter gießen. Den Sud eine Weile ziehen lassen, bis er abgekühlt ist. Durch ein Sieb gießen, in Flaschen abfüllen, Apfelessig und Zitronensaft zufügen und gut verschließen.

Intensiv braunes Haar durch grüne Walnüsse

Alle Teile des Walnussbaumes sind heilkräftig und vielfältig nutzbar. Die enthaltenen Gerbstoffe lindern nicht nur Hautentzündungen, Ekzeme und Schuppenflechten, sie geben auch reichlich braune Farbe ab.

Die Grundlage für diese Spülung ist ein Essigauszug aus grünen Walnüssen, die um die Sommersonnenwende unreif geerntet werden. Alternativ können auch getrocknete Walnussschalen gekauft werden, das sind die fleischigen grünen Schalen, in der die Frucht heranreift, nicht die harten Innenschalen.

Zutaten Walnussessig

- 10 bis 15 grüne Walnüsse oder 1 Handvoll getrocknete Walnussschalen
- 100 g Apfelessig

Zutaten Haarspülung

- 100 g Wasser
- 10 g Walnussessig
- 1 Esslöffel Orangensaft

Zubereitung

» Für die Zubereitung dieser Haarspülung braucht man etwas Zeit. Die Basis ist ein Walnussessig, der für zwei bis drei Wochen ziehen sollte. Dafür werden die frisch geernteten grünen Walnüsse gewaschen, abgetrocknet und in Stücke zerteilt. Dann werden sie in ein Schraubglas geschichtet und mit leicht erwärmtem Apfelessig übergossen. Das Glas wird dann für mindestens zwei Wochen auf die Fensterbank gestellt, damit der Essig die Walnüsse auszieht. Während dieser Zeit muss darauf geachtet werden, dass das Pflanzenmaterial stets gut mit Essig bedeckt ist, damit es nicht schimmeln kann. Nach der Reifezeit wird der Essig gefiltert und in sauberen Flaschen verschlossen aufbewahrt. So ist er gut ein Jahr haltbar und die Spülung kann immer wieder angerührt werden.

» Für die Zubereitung der Spülung werden Walnussessig, Wasser und Orangensaft in einer Flasche gemischt.

Weiche Naturseife zur Körperreinigung

Der klassische Einsatzbereich von Seife ist die Körperreinigung. Vor allem die Hände werden mehrmals täglich mit Seife gewaschen, dabei ist es Geschmacksache, ob man Stückseife oder Flüssigseife bevorzugt. Die Zusammensetzung handelsüblicher Flüssigseifen entspricht der eines Haushaltsreinigers und erfüllt so ihren reinigenden Zweck. Doch sie trocknen bei der Wäsche die Hände sehr aus und sind zudem enorm parfümiert. Daher habe ich speziell für die Hände Waschcremes entwickelt, die schonend reinigen und pflegen.

Sanfte Handwaschseife

Diese cremige Seife reinigt die Haut mild, aber dennoch effektiv. Die ausgewählten Öle spenden Feuchtigkeit und sorgen für feinen Schaum.

Zutaten

- 250 g Kokosnussfett
- 100 g Sonnenblumenöl
- 100 g Olivenöl
- 50 g Rizinusöl

- 250 g destilliertes Wasser
- 102 g KOH bei 8 % Überfettung

Herstellung

» Das Kokosnussfett zusammen mit den flüssigen Ölen sanft schmelzen und nicht abkühlen lassen. Die Temperatur der Fette sollte zwischen 50 und 60 Grad betragen.

» Kaliumhydroxid genau auswiegen und unter Berücksichtigung der Sicherheitsregeln in das destillierte Wasser einrühren. Für die weitere Verarbeitung ist es von Vorteil, wenn die Lauge noch relativ warm ist. Daher muss sie, nachdem sich das KOH aufgelöst hat, nicht abgekühlt werden, sondern kann sofort verwendet werden.

» Die Lauge zum Öl gießen und die Mischung mit Hilfe des Mixstabes für ungefähr 5 Minuten rühren, bis die Masse andickt.

» Dann die Seifenmasse in ein bereitgestelltes Gefäß füllen.

» Nun wird die fertige Seife gut mit alten Handtüchern oder Bettlaken verpackt und an einen sicheren Platz gestellt, damit sie die Gel-Phase durchlaufen kann.

Durch die gezielte Zugabe von Hydrolaten oder Kräuteraufgüssen kann die Konsistenz individuell eingestellt werden.

Das Anreichern mit wertvollen Pflanzenölen schenkt der Haut zusätzliche Pflege.

Ätherische Öle verleihen den Cremeseifen nicht nur wunderbare Düfte, sondern können auch gezielt gegen spezielle Hautprobleme eingesetzt werden.

Diese weiche Seife kann pur verwendet werden. Um damit eine Pumpflasche oder einen Dosierspender zu befüllen, sollte sie verdünnt werden.

Rose-Ringelblume-Seifencreme

Diese reichhaltige Seifencreme beugt auch bei häufigem Waschen gegen rissige und trockene Haut vor.

Zutaten

- 50 g Handwaschseife
- 100 g Rosenwasser
- 20 g Ringelblumenöl
- 1 Esslöffel Honig
- 5 Tropfen ätherisches Rosenöl

Herstellung

» Einen Ölauszug mit Ringelblumen herstellen.

» Das Rosenwasser sanft erwärmen und den Honig darin auflösen.

» Handwaschseife mit Hilfe des Mixstabes mit dem warmen Rosenwasser verrühren, bis eine homogene Masse entsteht.

» Ringelblumenöl und ätherisches Rosenöl einarbeiten.

» In eine Pumpflasche füllen.

Handwaschpaste mit Holzmehl

Diese Seife reinigt stark verschmutzte Hände von Öl, Schmierstoffen, Bitumen und Tinte.

Holzmehl ist sehr fein gemahlenes Holz, das bei der Holzverarbeitung abfällt. Umgangssprachlich wird es als „Sägespäne“ bezeichnet. Damit die Körnung nicht zu grob ist, werden die Sägespäne durch ein grobes Sieb geschüttet. Das so gewonnene Holzmehl wird dann als Zutat für die Waschpaste verwendet. Gerade Nadelhölzer, wie Kiefern, Fichten und Tannen enthalten entzündungshemmende und antibakterielle Harze und ätherische Öle. Diese unterstützen die Regeneration der Haut nach der Reinigung.

Zutaten

- 200 g Kokosnussfett
- 200 g Sonnenblumenöl
- 100 g Distelöl

- 300 g destilliertes Wasser
- 98 g KOH bei 9 % Überfettung
- 100 g Holzmehl
- 10 g ätherisches Zitronenöl
- 10 g ätherisches Fichtennadelöl

Zubereitung

» Das Kokosnussfett zusammen mit den flüssigen Ölen sanft schmelzen und nicht abkühlen lassen. Die Temperatur der Fette sollte zwischen 50 und 60 Grad betragen.

» Kaliumhydroxid genau auswiegen und unter Berücksichtigung der Sicherheitsregeln in das destillierte Wasser einrühren. Für die weitere Verarbeitung ist es von Vorteil, wenn die Lauge noch relativ warm ist. Daher muss sie, nachdem sich das KOH aufgelöst hat, nicht abgekühlt werden, sondern kann sofort verwendet werden.

» Die Lauge zum Öl gießen und die Mischung mit Hilfe des Mixstabes für ungefähr 5 Minuten rühren, bis die Masse andickt.

» Das Holzmehl und die ätherischen Öle einarbeiten.

» Dann die Seifenmasse in ein bereitgestelltes Gefäß füllen.

» Nun wird die fertige Seife gut mit alten Handtüchern oder Bettlaken verpackt und an einen sicheren Platz gestellt, damit sie die Gel-Phase durchlaufen kann.

Kaffee-Waschcreme

Als Handwaschcreme bindet und neutralisiert diese Seife strenge Gerüche. Das vermeidliche Abfallprodukt Kaffeesatz unterstützt mit mildem Peeling die Reinigungswirkung der Seife. Die ätherischen Öle beruhigen die Haut und hinterlassen den erfrischend-würzigen Duft von Ingwer und Orangen.

Die Kaffee-Waschcreme eignet sich nicht nur als Handwaschseife. Die Wirkstoffe des Kaffees haben straffende und gewebestärkende Eigenschaften. Das durchblutungsfördernde Peeling hinterlässt ein wunderbares Hautgefühl am ganzen Körper.

Zutaten

- 250 g Sheabutter
- 100 g Sonnenblumenöl
- 100 g Mandelöl
- 50 g Rizinusöl

- 300 g Kaffee aus destilliertem Wasser
- 83 g KOH bei 9 % Überfettung
- 100 g Kaffeesatz
- 10 g ätherisches Orangenöl
- 3 g ätherisches Ingweröl

Zubereitung

» Die Sheabutter zusammen mit den flüssigen Ölen sanft schmelzen und nicht abkühlen lassen. Die Temperatur der Fette sollte zwischen 50 und 60 Grad betragen.

» Kaffee aus destilliertem Wasser herstellen.

» Kaliumhydroxid genau auswiegen und unter Berücksichtigung der Sicherheitsregeln in den Kaffee einrühren. Für die weitere Verarbeitung ist es von Vorteil, wenn die Lauge noch relativ warm ist. Daher muss sie, nachdem sich das KOH aufgelöst hat, nicht abgekühlt werden, sondern kann sofort verwendet werden.

» Die Lauge zum Öl gießen und die Mischung mit Hilfe des Mixstabes für ungefähr 5 Minuten rühren, bis die Masse andickt.

» Den Kaffeesatz und die ätherischen Öle einarbeiten.

» Dann die Seifenmasse in ein bereitgestelltes Gefäß füllen.

» Nun wird die fertige Seife gut mit alten Handtüchern oder Bettlaken verpackt und an einen sicheren Platz gestellt, damit sie die Gel-Phase durchlaufen kann.

Fenchel-Kamille-Waschlotion

Die entzündungshemmenden Eigenschaften von Kamille und Fenchel helfen strapazierter Haut bei der Regeneration. Das wertvolle Weizenkeimöl und der Honig bilden einen feinen Schutzfilm nach der Handwäsche.

Zutaten

- 30 g Handwaschseife
- 100 g Kamillenhydrolat oder Kamillentee
- 10 g Weizenkeimöl
- 1 Esslöffel Honig
- 5 Tropfen ätherisches Fenchelöl

Herstellung

» Das Kamillenhydrolat sanft erwärmen und den Honig darin auflösen.

» Oder einen starken Kamillentee herstellen und den Honig im warmen Tee auflösen.

» Handwaschseife mit Hilfe des Mixstabes mit dem warmen Kamillenhydrolat bzw. Tee verrühren, bis eine homogene Masse entsteht.

» Weizenkeimöl und ätherisches Fenchelöl einarbeiten.

» In eine Pumpflasche oder einen Dosierspender füllen.

Zitronen-Melisse-Reinigungslotion

Die antibakterielle Wirkung sowie die hautberuhigenden Eigenschaften der Melisse finden sich in dieser sanften Reinigungslotion.

Zutaten

- 40 g Handwaschseife
- 100 g Melissenhydrolat oder Melissentee
- 10 g Mandelöl
- 1 Esslöffel Honig
- 5 Tropfen ätherisches Melissenöl
- 5 Tropfen ätherisches Zitronenöl

Herstellung

» Das Melissenhydrolat sanft erwärmen und den Honig darin auflösen.

» Oder einen starken Melissentee aus getrockneten oder frischen Blättern herstellen und den Honig im warmen Tee auflösen.

» Handwaschseife mit Hilfe des Mixstabes mit dem warmen Melissenhydrolat bzw. Tee verrühren, bis eine homogene Masse entsteht.

» Mandelöl und ätherische Öle einarbeiten.

» In eine Pumpflasche oder einen Dosierspender füllen.

Entspannendes Lavendel-Schaumbad

Dieser Badezusatz besteht aus wenigen Zutaten und wird frisch vor dem Baden hergestellt. Es ist wichtig, dass ätherische Öle nicht direkt ins Badewasser gelangen, denn sie sind hautreizend und nicht wasserlöslich. Daher müssen sie vor dem Gebrauch in fettem Öl, Honig oder Milch emulgiert werden.

Zutaten

- 100 g Lavendelaufguss
- 2 Esslöffel Lavendel-Oliven-Waschcreme
- 1 Esslöffel Olivenöl
- 2 Esslöffel Honig
- 10 Tropfen ätherisches Lavendelöl

Zubereitung

» Frische oder getrocknete Lavendelzweige klein schneiden und mit heißem Wasser übergießen. Den Aufguss für 10 Minuten ziehen lassen.

» Die Lavendel-Oliven-Waschcreme in den warmen Lavendelaufguss einrühren.

» Das Olivenöl leicht erwärmen und den Honig darin auflösen.

» Alle Zutaten mischen und das ätherische Öl gut einrühren.

Anwendung

» Den Badezusatz erst kurz vor dem Einsteigen in die Wanne dem Wasser zufügen. Die Wassertemperatur sollte ungefähr 38 Grad betragen. Nach einer Badedauer von maximal 15 Minuten langsam aus der Wanne steigen.

Lavendel-Oliven-Waschcreme

Zutaten

- 200 g Kokosnussfett
- 200 g Olivenöl
- 50 g fettes Lorbeeröl
- 50 g Rizinusöl

- 250 g destilliertes Wasser
- 99 g KOH bei 8 % Überfettung
- 10 g ätherisches Lavendelöl

Zubereitung

» Das Kokosnussfett zusammen mit den flüssigen Ölen sanft schmelzen und nicht abkühlen lassen. Die Temperatur der Fette sollte zwischen 50 und 60 Grad betragen.

» Kaliumhydroxid genau auswiegen und unter Berücksichtigung der Sicherheitsregeln in das destillierte Wasser einrühren. Für die weitere Verarbeitung ist es von Vorteil, wenn die Lauge noch relativ warm ist. Daher muss sie, nachdem sich das KOH aufgelöst hat, nicht abgekühlt werden, sondern kann sofort verwendet werden.

» Die Lauge zum Öl gießen und die Mischung mit Hilfe des Mixstabes für ungefähr 5 Minuten rühren, bis die Masse andickt.

» Das ätherische Öl einarbeiten.

» Dann die Seifenmasse in ein bereitgestelltes Gefäß füllen.

» Nun wird die fertige Seife gut mit alten Handtüchern oder Bettlaken verpackt und an einen sicheren Platz gestellt, damit sie die Gel-Phase durchlaufen kann.

Diese Seife kann sehr gut zu duftenden Schaumbädern und Duschgels weiterverarbeitet werden.

Rosmarin-Orangen-Duschlotion

Die durchblutungsfördernden Eigenschaften des Rosmarins werden mit erfrischendem Orangenöl vereint. Das hautpflegende Mandelöl und der Honig bilden einen feinen Schutzfilm nach der Dusche.

Zutaten

- 40 g Lavendel-Oliven-Waschcreme
- 100–150 g destilliertes Wasser
- 10 g Mandelöl
- 1 Esslöffel Honig
- 5 Tropfen ätherisches Rosmarinöl
- 10 Tropfen ätherisches Orangenöl

Herstellung

» Das Wasser auf etwa 50 Grad erwärmen und den Honig darin auflösen.

» Lavendel-Oliven-Waschcreme mit Hilfe des Mixstabes mit dem warmen Wasser verrühren, bis eine homogene Masse entsteht.

» Mandelöl und ätherische Öle einarbeiten.

» In eine Pumpflasche oder einen Dosierspender füllen.

Pflegendes Fichtennadel-Schaumbad

Dieser Badezusatz besteht aus wenigen Zutaten und wird frisch vor dem Baden hergestellt. Es ist wichtig, dass ätherische Öle nicht direkt ins Badewasser gelangen, denn sie sind hautreizend und nicht wasserlöslich. Daher müssen sie vor dem Gebrauch in fettem Öl, Honig oder Milch emulgiert werden.

Zutaten

- 100 g Fichtennadelaufguss
- 50 g Milch
- 1 Esslöffel Olivenöl
- 2 Esslöffel Lavendel-Oliven-Waschcreme
- 2 Esslöffel Honig
- 10 Tropfen ätherisches Fichtennadelöl

Zubereitung

» Die frischen Fichtennadeln klein schneiden und mit heißem Wasser übergießen. Den Aufguss für 10 Minuten ziehen lassen.

» Seife im warmen Sud auflösen.

» Die Milch leicht erwärmen, Olivenöl einrühren und den Honig darin auflösen.

» Alle Zutaten mischen und das ätherische Öl gut einrühren.

Anwendung

» Den Badezusatz erst kurz vor dem Einsteigen in die Wanne dem Wasser zufügen. Die Wassertemperatur sollte ungefähr 38 Grad betragen. Nach einer Badedauer von maximal 15 Minuten langsam aus der Wanne steigen.

Minze-Limetten-Duschlotion

Diese erfrischende Duschlotion wird durch pflegendes Olivenöl ergänzt.

Zutaten

- 40 g Lavendel-Oliven-Waschcreme
- 100–150 g Minzhydrolat oder Pfefferminztee
- 10 g Olivenöl
- 5 Tropfen ätherisches Minzöl
- 10 Tropfen ätherisches Limettenöl

Herstellung

» Das Minzhydrolat sanft erwärmen oder einen starken Pfefferminztee herstellen.

» Lavendel-Oliven-Waschcreme mit Hilfe des Mixstabes mit dem warmen Tee oder Hydrolat verrühren, bis eine homogene Masse entsteht.

» Olivenöl und ätherische Öle einarbeiten.

» In eine Pumpflasche oder einen Dosierspender füllen.

Weiche Naturseife zur Gesichtsreinigung

Für die Gesichtsreinigung werden relativ kleine Mengen Seife benötigt. Die empfindliche Gesichtshaut sollte sanft und schonend gereinigt werden. Daher sollte die Seife mild sein und dennoch Schmutzrückstände und Make-up zuverlässig entfernen. Es reicht aus eine hochwertige Basisseife zu sieden, die in der Weiterverarbeitung durch pflegende Öle angereichert und Hydrolate oder Kräuteraufgüsse ergänzt wird. Haptik und Konsistenz können individuell eingestellt werden. Ätherische Öle verleihen den Gesichtsseifen nicht nur wunderbare Düfte, sondern können auch gezielt gegen spezielle Hautprobleme eingesetzt werden.

Basisseife
für normale und trockene Haut

Zutaten

- 250 g Sheabutter
- 100 g Kakaobutter
- 100 g Olivenöl
- 50 g Rizinusöl

- 250 g destilliertes Wasser
- 84 g KOH bei 8 % Überfettung

Herstellung

» Die Sheabutter und die Kakaobutter zusammen mit den flüssigen Ölen sanft schmelzen und nicht abkühlen lassen. Die Temperatur der Fette sollte zwischen 50 und 60 Grad betragen.

» Kaliumhydroxid genau auswiegen und unter Berücksichtigung der Sicherheitsregeln in das destillierte Wasser einrühren. Für die weitere Verarbeitung ist es von Vorteil, wenn die Lauge noch relativ warm ist. Daher muss sie, nachdem sich das KOH aufgelöst hat, nicht abgekühlt werden, sondern kann sofort verwendet werden.

» Die Lauge zum Öl gießen und die Mischung mit Hilfe des Mixstabes für ungefähr 5 bis 10 Minuten rühren, bis die Masse andickt.

» Dann die Seifenmasse in ein bereitgestelltes Gefäß füllen, bzw. im Einmachglas belassen.

» Nun wird die fertige Seife gut mit alten Handtüchern oder Bettlaken verpackt und an einen sicheren Platz gestellt, damit sie die Gel-Phase durchlaufen kann.

Orangenblüten-Weizenkeimöl-Waschcreme

Die hautberuhigende Zusammensetzung dieser Waschcreme aus besonders milden Zutaten lindert Rötungen und Reizungen bei besonders sensibler Gesichtshaut.

Zutaten

- 20 g Basisseife
- 100 g Orangenblütenwasser (Neroliwasser)
- 10 g Weizenkeimöl
- 1 Teelöffel Honig
- 5 Tropfen ätherisches Orangenblütenöl (Neroliöl)

Herstellung

» Das Orangenblütenwasser auf etwa 50 Grad erwärmen und den Honig darin auflösen.

» Basisseife mit Hilfe des Mixstabes mit dem warmen Wasser verrühren, bis eine homogene Masse entsteht.

» Weizenkeimöl und ätherisches Öl einarbeiten.

» In eine Pumpflasche oder einen Dosierspender füllen.

Anwendung

» Eine kleine Menge der Waschcreme mit feuchten Händen im Gesicht verteilen und leicht einmassieren. Dabei Mund-Augenpartie aussparen und mit Wasser gründlich abspülen.

Hamamelis-Honig-Waschcreme

Hamamelishydrolat besitzt eine adstringierende und entzündungshemmende Wirkung. Das hautpflegende Mandelöl und der feuchtigkeitsbewahrende Honig bilden einen feinen Schutzfilm nach der Wäsche.

Zutaten

- 20 g Basisseife
- 100 g Hamamelishydrolat
- 10 g Mandelöl
- 1 Teelöffel Honig

Herstellung

» Das Hydrolat auf etwa 50 Grad erwärmen und den Honig darin auflösen.

» Basisseife mit Hilfe des Mixstabes mit dem warmen Wasser verrühren, bis eine homogene Masse entsteht.

» Mandelöl einarbeiten.

» In eine Pumpflasche oder einen Dosierspender füllen.

Anwendung

» Eine kleine Menge der Waschcreme mit feuchten Händen im Gesicht verteilen und leicht einmassieren. Dabei Mund-Augenpartie aussparen und mit Wasser gründlich abspülen.

Granatapfelkernöl-Rosen-Waschcreme

Die Waschcreme mit wertvollem Granatapfelkernöl ist besonders zur Pflege sehr trockener und reifer Haut geeignet. Die Zellneubildung wird gefördert und die Haut regeneriert.

Zutaten

- 20 g Basisseife
- 100 g Rosenwasser
- 10 g Granatapfelkernöl
- 1 Teelöffel Honig
- 2 Tropfen ätherisches Rosenöl

Herstellung

» Das Rosenwasser auf etwa 50 Grad erwärmen und den Honig darin auflösen.

» Basisseife mit Hilfe des Mixstabes mit dem warmen Wasser verrühren, bis eine homogene Masse entsteht.

» Granatapfelkernöl und ätherisches Rosenöl einarbeiten.

» In eine Pumpflasche oder einen Dosierspender füllen.

Anwendung

» Eine kleine Menge der Waschcreme mit feuchten Händen im Gesicht verteilen und leicht einmassieren. Dabei Mund-Augenpartie aussparen und mit Wasser gründlich abspülen.

Wildrose-Heilerde-Waschcreme

Die Waschcreme reinigt gründlich, entfernt sanft abgestorbene Hautzellen ohne auszutrocknen.

Zutaten

- 20 g Basisseife
- 100 g Rosenwasser
- 10 g Wildrosenöl
- 1 Teelöffel Honig
- 1 Teelöffel Heilerde

Herstellung

» Das Rosenwasser auf etwa 50 Grad erwärmen und den Honig darin auflösen.

» Basisseife mit Hilfe des Mixstabes mit dem warmen Wasser verrühren, bis eine homogene Masse entsteht.

» Wildrosenöl und Heilerde einarbeiten.

» In eine Pumpflasche oder einen Dosierspender füllen.

Anwendung

» Eine kleine Menge der Waschcreme mit feuchten Händen im Gesicht verteilen und leicht einmassieren. Dabei Mund-Augenpartie aussparen und mit Wasser gründlich abspülen.

Basis-Salz-Seifencreme für unreine und fettige Haut

Salzseifen sind zur Reinigung entzündlicher Gesichtshaut empfehlenswert. Sie reinigen mild, regulieren den Feuchtigkeitshaushalt und hinterlassen eine streichelzarte Haut.

Zutaten

- 100 g Kokosnussfett
- 100 g Sheabutter
- 100 g Olivenöl
- 100 g Rizinusöl

- 300 g destilliertes Wasser
- 73 g KOH bei 9 % Überfettung
- 150 g Kochsalz
- 10 g ätherisches Limettenöl
- 5 g ätherisches Lavendelöl

Herstellung

» Sheabutter und Kokosnussfett zusammen mit den flüssigen Ölen sanft schmelzen und nicht abkühlen lassen. Die Temperatur der Fette sollte zwischen 50 und 60 Grad betragen.

» Kaliumhydroxid genau auswiegen und unter Berücksichtigung der Sicherheitsregeln in das destillierte Wasser einrühren. Für die weitere Verarbeitung ist es von Vorteil, wenn die Lauge noch relativ warm ist. Daher muss sie, nachdem sich das KOH aufgelöst hat, nicht abgekühlt werden, sondern kann sofort verwendet werden.

» Die Lauge zum Öl gießen und die Mischung mit Hilfe des Mixstabes für ungefähr 5 Minuten rühren, bis die Masse andickt.

» Das Kochsalz und die ätherischen Öle einarbeiten.

» Dann die Seifenmasse in ein bereitgestelltes Gefäß füllen oder im Einmachglas belassen.

» Nun wird die fertige Seife gut mit alten Handtüchern oder Bettlaken verpackt und an einen sicheren Platz gestellt, damit sie die Gel-Phase durchlaufen kann.

Diese Basis-Salzseifen-Creme kann entweder pur verwendet oder zu einer der nachfolgenden Rezepte weiterverarbeitet werden.

Basis-Salz-Seifencreme

Traubenkernöl-Salbei-Waschlotion

Traubenkernöl enthält wirksame Antioxidantien und essenzielle Fettsäuren. Es nährt die Haut und reguliert den Lipidhaushalt. Das antibakterielle Salbeiöl ist ideal zur reinigenden Pflege von unreiner Haut und Mischhaut. Der Honig wirkt feuchtigkeitsbewahrend und entzündungshemmend.

Zutaten

- 20 g Basis-Salzseifencreme
- 100 g Salbeihydrolat oder Salbeitee
- 10 g Traubenkernöl
- 1 Teelöffel Honig
- 5 Tropfen ätherisches Salbeiöl

Herstellung

» Das Salbeihydrolat sanft erwärmen oder einen starken Salbeitee aus frischen oder getrockneten Blättern herstellen und den Honig darin auflösen.

» Basisseife mit Hilfe des Mixstabes mit dem warmen Hydrolat bzw. Tee verrühren, bis eine homogene Masse entsteht.

» Das Traubenkernöl und das ätherische Salbeiöl einarbeiten.

» In eine Pumpflasche oder einen Dosierspender füllen.

Anwendung

» Eine kleine Menge der Waschlotion mit feuchten Händen im Gesicht verteilen und leicht einmassieren. Dabei Mund-Augenpartie aussparen und mit Wasser gründlich abspülen.

Grüne-Tonerde-Lavendel-Waschlotion

Die in der Waschlotion enthaltene Tonerde entfernt schonend Hautschüppchen. Dabei bindet die mineralische Tonerde Fett, Talg und Wundsekrete, aber auch Bakterien und anhaftende Stoffe. Lavendel wirkt hautberuhigend, entzündungshemmend und antibakteriell.

Zutaten

- 20 g Basis-Salzseifencreme
- 100 g Lavendelhydrolat oder Lavendeltee
- 10 g Avocadoöl
- 1 Teelöffel Honig
- 1 Teelöffel Grüne Tonerde
- 5 Tropfen ätherisches Lavendelöl

Herstellung

» Das Lavendelhydrolat sanft erwärmen oder einen starken Lavendeltee herstellen und den Honig darin auflösen. Für den Lavendeltee sind alle Pflanzenteile – egal ob frisch oder getrocknet – geeignet.

» Basisseife mit Hilfe des Mixstabes mit dem warmen Hydrolat bzw. Tee verrühren, bis eine homogene Masse entsteht.

» Das Avocadoöl und die Grüne Tonerde einarbeiten.

» Das ätherische Lavendelöl eintropfen.

» In eine Pumpflasche oder einen Dosierspender füllen.

Anwendung

» Eine kleine Menge der Waschlotion mit feuchten Händen im Gesicht verteilen und leicht einmassieren. Dabei Mund-Augenpartie aussparen und mit Wasser gründlich abspülen.

Teebaumöl-Jojoba-Waschlotion

Das entzündungshemmende Jojobaöl ist reich an Provitamin A und Vitamin E. Unterstützt wird die Wirkung dieser Waschlotion durch das ätherische Teebaumöl, das aufgrund seiner desinfizierenden Wirkung der Neuentstehung von Unreinheiten vorbeugt. Teebaumöl ist sehr wirkungsvoll, aber nicht gerade ein Nasenschmeichler. Daher können der Rezeptur noch einige Tropfen ätherisches Mandarinen- oder Orangenöl beigefügt werden.

Zutaten

- 20 g Basis-Salzseifencreme
- 100 g Teebaumhydrolat oder Teebaum-Aufguss
- 10 g Jojobaöl
- 1 Teelöffel Honig
- 5 Tropfen ätherisches Teebaumöl
- 5 Tropfen ätherisches Mandarinenöl oder Orangenöl (optional)

Herstellung

» Das Teebaumhydrolat sanft erwärmen oder einen starken Aufguss aus Teebaumblättern herstellen und den Honig darin auflösen.

» Basisseife mit Hilfe des Mixstabes mit dem warmen Hydrolat bzw. Aufguss verrühren, bis eine homogene Masse entsteht.

» Das Jojobaöl einarbeiten.

» Das ätherische Teebaumöl und optional das ätherische Mandarinenöl eintropfen.

» In eine Pumpflasche oder einen Dosierspender füllen.

Anwendung

» Eine kleine Menge der Waschlotion mit feuchten Händen im Gesicht verteilen und leicht einmassieren. Dabei Mund-Augenpartie aussparen und mit Wasser gründlich abspülen.

LUXE

Weiche Naturseife für eine sanfte Rasur

Bei einer klassischen Nassrasur verwendet man zur Erweichung der Barthaare und für ein besseres Gleiten der Klinge auf der Haut eine Rasierseife. Heutzutage kommt der Rasierschaum aus der Spraydose. Dieser erreicht aber nicht annähernd die dicke Cremigkeit und damit Wirksamkeit beim Aufweichen der Barthaare einer selbst aufgeschäumten Rasierseife. Reichhaltiger, pflegender und vor allem stabiler Schaum – das sind die Kriterien für eine gute Rasierseife. Eine gute Zusammensetzung der Basisöle unterstützt die üppige Schaumbildung. Hier eignen sich besonders gut Olivenöl, Sheabutter, Kokosöl, Rizinusöl, Mandelöl und Avocadoöl. Der natürliche Glyceringehalt handgemachter Seife macht die Haare weich und erleichtert so das Rasieren. Durch Beifügen von ätherischen Ölen verleiht man der Seife nicht nur einen angenehmen Duft, sondern auch eine antiseptische und entzündungshemmende Wirkung. Die hohe Rückfettung pflegt die Haut zusätzlich.

Die Handhabung von weichen Rasierseifen ist unkompliziert. Das Aufschäumen mit dem Rasierpinsel geht leicht und schnell vonstatten.

Weiche-Hanföl-Sole-Seife

Die Laugenflüssigkeit dieser Seife ist eine gesättigte Salzlösung, eine Sole. Im Gegensatz zu Salzseifen haben Soleseifen eine glatte Struktur, da die Salzkristalle aufgelöst sind. Die Wirkung und die Einsatzgebiete sind jedoch ähnlich.

Seifen mit Hanföl sind vor allem für gereizte Problemhaut eine Wohltat, weil die antibiotischen und entzündungshemmenden Eigenschaften beruhigend und heilend wirken. Diese Seife ist sanft zur Haut und entwickelt viel cremigen Schaum.

Zutaten

- 100 g Kokosnussfett
- 100 g Sheabutter
- 150 g Hanföl
- 50 g Rizinusöl

- 300 g destilliertes Wasser
- 100 g Kochsalz
- 73 g KOH bei 9 % Überfettung
- 5 g ätherisches Bergamotteöl
- 2 g ätherisches Wacholderöl

Zubereitung

» Sheabutter und Kokosnussfett zusammen mit den flüssigen Ölen sanft schmelzen und nicht abkühlen lassen. Die Temperatur der Fette sollte zwischen 50 und 60 Grad betragen.

» Das Kochsalz in destilliertes Wasser einrühren, bis es aufgelöst und so eine Sole entstanden ist.

» Kaliumhydroxid genau auswiegen und unter Berücksichtigung der Sicherheitsregeln in die Sole einrühren. Für die weitere Verarbeitung ist es von Vorteil, wenn die Lauge noch relativ warm ist. Daher muss sie, nachdem sich das KOH aufgelöst hat, nicht abgekühlt werden, sondern kann sofort verwendet werden.

» Die Lauge zum Öl gießen und die Mischung mit Hilfe des Mixstabes für ungefähr 5 bis 10 Minuten rühren, bis die Masse andickt.

» Die ätherischen Öle einarbeiten.

» Dann die Seifenmasse in ein bereitgestelltes Gefäß füllen.

» Nun wird die fertige Seife gut mit alten Handtüchern oder Bettlaken verpackt und an einen sicheren Platz gestellt, damit sie die Gel-Phase durchlaufen kann.

Weihrauch-Rasierseifencreme

Die entzündungshemmenden Eigenschaften der ausgesuchten Rohstoffe beruhigen die Haut, wirken Entzündungen entgegen, versorgen sie mit Feuchtigkeit und glätten sie.

Zutaten

- 100 g Kokosnussfett
- 100 g Kakaobutter
- 100 g Olivenöl
- 50 g Avocadoöl
- 50 g Rizinusöl

- 250 g destilliertes Wasser
- 74 g KOH bei 9 % Überfettung
- 5 g ätherisches Blutorangenöl
- 3 g ätherisches Weihrauchöl

Herstellung

» Kakaobutter und Kokosnussfett zusammen mit den flüssigen Ölen sanft schmelzen und nicht abkühlen lassen. Die Temperatur der Fette sollte zwischen 50 und 60 Grad betragen.

» Kaliumhydroxid genau auswiegen und unter Berücksichtigung der Sicherheitsregeln in das destillierte Wasser einrühren. Für die weitere Verarbeitung ist es von Vorteil, wenn die Lauge noch relativ warm ist. Daher muss sie, nachdem sich das KOH aufgelöst hat, nicht abgekühlt werden, sondern kann sofort verwendet werden.

» Die Lauge zum Öl gießen und die Mischung mit Hilfe des Mixstabes für ungefähr 5 bis 10 Minuten rühren, bis die Masse andickt.

» Die ätherischen Öle einarbeiten.

» Dann die Seifenmasse in ein bereitgestelltes Gefäß füllen.

» Nun wird die fertige Seife gut mit alten Handtüchern oder Bettlaken verpackt und an einen sicheren Platz gestellt, damit sie die Gel-Phase durchlaufen kann.

Sandelholz-Mafura-Rasierseifencreme

Die gute Zusammensetzung der Öle unterstützt die üppige Schaumbildung und verwöhnt die Haut bei der Rasur, während fruchtig-balsamischer Duft der Nase schmeichelt.

Zutaten

- 100 g Kokosnussfett
- 100 g Mafurabutter
- 100 g Sesamöl
- 100 g Rizinusöl

- 250 g destilliertes Wasser
- 74 g KOH bei 9 % Überfettung
- 5 g ätherisches Sandelholzöl
- 3 g ätherisches Mandarinenöl

Herstellung

» Mafurabutter und Kokosnussfett zusammen mit den flüssigen Ölen sanft schmelzen und nicht abkühlen lassen. Die Temperatur der Fette sollte zwischen 50 und 60 Grad betragen.

» Kaliumhydroxid genau auswiegen und unter Berücksichtigung der Sicherheitsregeln in das destillierte Wasser einrühren. Für die weitere Verarbeitung ist es von Vorteil, wenn die Lauge noch relativ warm ist. Daher muss sie, nachdem sich das KOH aufgelöst hat, nicht abgekühlt werden, sondern kann sofort verwendet werden.

» Die Lauge zum Öl gießen und die Mischung mit Hilfe des Mixstabes für ungefähr 5 bis 10 Minuten rühren, bis die Masse andickt.

» Die ätherischen Öle einarbeiten.

» Dann die Seifenmasse in ein bereitgestelltes Gefäß füllen.

» Nun wird die fertige Seife gut mit alten Handtüchern oder Bettlaken verpackt und an einen sicheren Platz gestellt, damit sie die Gel-Phase durchlaufen kann.

Schwefel-Seife

zur Reinigung von entzündlicher Haut und schuppiger Kopfhaut

Schwefel ist ein natürlich vorkommendes Mineral und wurde bereits in der Antike als Arznei- sowie Desinfektionsmittel zur Verhütung von Infektionskrankheiten verwendet.

Schon im „Neuen pharmaceutischen Manual“ von 1894 steht: „Der Seife Wohlgeruch zu geben ist ziemlich überflüssig, da der Schwefelgeruch immer vorhalten wird.“ Hier wird die Schwefelseife im Badewasser aufgelöst, um Mensch und Tier von Parasitenbefall zu befreien. Den strengen Schwefelgeruch der Seife konnte ich selbst durch die Zugabe der unterstützenden, ätherischen Öle nicht gänzlich entschärfen.

Für die Seife kommt die sogenannte Schwefelblüte zum Einsatz. Diese wird in der warmen Lauge gelöst.

Als traditionelles pharmazeutisches Präparat wird diese Seife zur Reinigung und Erweichung der Haut bei Abszessen und Nagelbettentzündungen verwendet. Daher bietet sie eine wunderbare Grundlage für ein Bad zur Bekämpfung einer Nagelbettentzündung

Zutaten

- 200 g Kokosnussfett
- 100 g Olivenöl
- 50 g Rizinusöl
- 50 g Traubenkernöl

- 200 g destilliertes Wasser
- 80 g KOH bei 9 % Überfettung
- 10 g Schwefel
- 10 g ätherisches Zitronenöl oder Orangenöl
- 10 g ätherisches Lavendelöl

Zubereitung

» Das Kokosnussfett zusammen mit den flüssigen Ölen sanft schmelzen und nicht abkühlen lassen. Die Temperatur der Fette sollte zwischen 50 und 60 Grad betragen.

» Kaliumhydroxid genau auswiegen und unter Berücksichtigung der Sicherheitsregeln in das destillierte Wasser einrühren. Für die weitere Verarbeitung ist es von Vorteil, wenn die Lauge noch relativ warm ist. Daher muss sie, nachdem sich das KOH aufgelöst hat, nicht abgekühlt werden, sondern kann sofort verwendet werden.

» Den Schwefel in der warmen Lauge auflösen.

» Die Lauge zum Öl gießen und die Mischung mit Hilfe des Mixstabes für ungefähr 5 bis 10 Minuten rühren, bis die Masse andickt.

» Die ätherischen Öle einarbeiten.

» Dann die Seifenmasse in ein bereitgestelltes Gefäß füllen.

» Nun wird die fertige Seife gut mit alten Handtüchern oder Bettlaken verpackt und an einen sicheren Platz gestellt, damit sie die Gel-Phase durchlaufen kann.

Entzündungshemmendes Fuß- oder Handbad

Zutaten

- 2 Esslöffel Schwefelseife
- 1 Handvoll Lavendelblüten
- 1 bis 2 Liter Wasser
- 1 Teelöffel Honig

Zubereitung

» Lavendel mit kochendem Wasser aufbrühen und für 10 bis 15 Minuten ziehen lassen.

» Schwefelseife und Honig im warmen Sud auflösen.

» Vor dem Beginn des Bades Temperatur kontrollieren und gegebenenfalls kaltes Wasser zufügen.

Anwendung

» Das Bad sollte 10 bis 20 Minuten dauern. Danach die Hände bzw. Füße gut trocknen. Dann ist die Haut bereit für die Pflegebehandlung durch Cremes und Salben.

Schwefel-Hamamelis-Waschcreme

Schwefelseife eignet sich hervorragend zur Reinigung entzündlicher, unreiner Haut. Hamamelishydrolat besitzt eine adstringierende und entzündungshemmende Wirkung. Das hautpflegende Nachtkerzenöl beruhigt gereizte, entzündliche Haut und lindert Juckreiz. Gemeinsam mit dem feuchtigkeitsbewahrenden Honig bildet es einen feinen Schutzfilm nach der Wäsche.

Zutaten

- 20 g Schwefelseife
- 100 g Hamamelishydrolat
- 10 g Nachtkerzenöl
- 1 Teelöffel Honig

Herstellung

» Das Hydrolat auf etwa 50 Grad erwärmen und den Honig darin auflösen.

» Schwefelseife mit Hilfe des Mixstabes mit dem warmen Wasser verrühren, bis eine homogene Masse entsteht.

» Nachtkerzenöl einarbeiten.

» In eine Pumpflasche oder einen Dosierspender füllen.

Anwendung

» Eine kleine Menge der Waschcreme mit feuchten Händen im Gesicht verteilen und leicht einmassieren. Dabei Mund-Augenpartie aussparen und mit Wasser gründlich abspülen.

Schwefel-Nachtkerzenöl-Shampoo

Auch als Shampoo wirkt Schwefelseife gegen fettige, entzündete und schuppige Kopfhaut. Das wertvolle Nachtkerzenöl beruhigt gereizte, entzündliche Haut und lindert Juckreiz.

Zutaten

- 50 g Schwefelseife
- 100 g Lavendelhydrolat oder Lavendeltee
- 5 g Nachtkerzenöl
- 5–10 Tropfen ätherisches Lavendelöl
- 5–10 Tropfen ätherisches Orangenöl

Herstellung

» Alternativ zum Lavendelhydrolat kann aus ungefähr 5 g Lavendelblüten und destilliertem Wasser ein Tee hergestellt werden. Dafür werden die Blätter mit heißem Wasser übergossen. Nach 20 bis 30 Minuten kann der Aufguss abgesiebt werden.

» Schwefelseife mit Hilfe des Mixstabes mit dem warmen Aufguss bzw. leicht erwärmten Hydrolat und dem Nachtkerzenöl verrühren, bis eine homogene Masse entsteht.

» Die ätherischen Öle einarbeiten.

» In einen Tiegel oder eine Pumpflasche füllen und verschließen.

Anwendung

» Shampoo in den Handflächen verreiben und dann in die Kopfhaut einmassieren.

» Danach die Kopfhaut mit Wasser abspülen. Beim Abfließen des Wassers werden die Haarlängen gereinigt.

Zahnseife

Vor der Verwendung von Zahnpasta aus Tuben wurden die Zähne mit Seife geputzt. Die Zahnbürste wurde angefeuchtet und die Seife vom Seifenstück abgenommen.

Ich habe aus weicher Seife Rezepte entwickelt, die alle Bedürfnisse für eine umfassende Zahnreinigung erfüllen.

Die Seife sorgt als Schaumbildner für das Ablösen der Zahnbeläge. Als Putzkörper wird natürliche Schlämmkreide verwendet. Glyzerin wird als Feuchthalte- und Bindemittel eingesetzt. Birkenzucker (Xylit) reduziert die Bildung von Zahnbelag, der die Entstehung von Karies fördert. Zudem wirkt Xylit antibakteriell, was die Bildung von schädlichen Bakterien im Mund- und Rachenraum hemmt.

Hier möchte ich zwei Rezeptbeispiele vorstellen. Die ätherischen Öle sind nicht nur Geschmacks- und Aromastoffe, sondern wirken auch antibakteriell und entzündungshemmend. Sie können individuell zugegeben oder abgewandelt werden.

Pfefferminz-Zahncreme

Zutaten

- 5 g Sole-Schmierseife
- 15 g Schlämmkreide (Calciumcarbonat)
- 2 g pflanzliches Glyzerin
- 1 Prise Birkenzucker (Xylit)
- 40 bis 50 g Pfefferminzhydrolat oder destilliertes Wasser
- 3–7 Tropfen ätherisches Pfefferminzöl
- 2–3 Tropfen ätherisches Zitronenöl

Herstellung

» Die Seife in das leicht erwärmte Pfefferminzhydrolat bzw. Wasser einrühren.

» Schlämmkreide und Birkenzucker unterrühren, bis die gewünschte Konsistenz erreicht ist.

» Zum Schluss die ätherischen Öle und das Glyzerin eintropfen. In ein geeignetes, verschließbares Gefäß füllen.

Lavendel-Salbei-Zahncreme

Zutaten

- 5 g Salz-Schmierseife
- 15 g Schlämmkreide (Calciumcarbonat)
- 2 g pflanzliches Glyzerin
- 1 Prise Birkenzucker (Xylit)
- 40 bis 50 g Salbeihydrolat oder destilliertes Wasser
- 3–7 Tropfen ätherisches Salbeiöl
- 2–3 Tropfen ätherisches Lavendelöl

Herstellung

» Die Seife in das leicht erwärmte Salbeihydrolat bzw. Wasser einrühren.

» Schlämmkreide und Birkenzucker unterrühren, bis die gewünschte Konsistenz erreicht ist.

» Zum Schluss die ätherischen Öle und das Glyzerin eintropfen.

» In ein geeignetes, verschließbares Gefäß füllen.

Meine Quellen

Als ich 2005 mit dem Sieden von Seifen begann, gab es nur wenige Informationen zu diesem Thema und noch weniger praktische Erfahrungsberichte. Daher musste ich die Seifenherstellung durch eigene Versuche weiter entwickeln.

Durch einen glücklichen Umstand fielen mir alte Aufzeichnungen der Seifen- u. Seifenpulverfabrik Gnann aus Bopfingen in die Hände. Die handschriftlichen Rezepte von 1939 waren voller Zutaten, die mir bis dahin unbekannt waren. Einige wie Kolophonium, Schwefel oder Benzoe habe ich nach einigen Versuchen in meine Rezepte aufgenommen. Jedoch blieb mir der Sinn von anderen Ingredienzien lange unklar. So zum Beispiel Sebor – erst nach mehrmaligem Lesen konnte ich herausfinden, dass es sich um Sebum, also Talg handelte.

Die Seifensieder-Zeitung, das offizielle Organ des Vereins deutscher Seifenfabrikaten von 1921, enthielt ebenfalls einige wichtige Erklärungen zu den damals verwendeten Rohstoffen. Doch Inhaltsstoffe wie Cereps oder Neosapin sind mir weiterhin fremd. Andere Zutaten wie zum Beispiel Borax werden heute als gesundheitsschädlich eingestuft und sind gar nicht mehr frei erhältlich.

Einen großen Wissensschatz birgt *Deites Handbuch der Seifenfabrikation* – herausgegeben von Dr. W. Schrauth: Hausseifen, Textilseifen und Seifenpulver. 4. Auflage Verlag Julius Springer 1917. In diesem Buch konnte ich unter anderem brauchbare Hinweise zum Sieden einer Sattelseife finden.

In Band 15 des sehr dekorativen *Pierer's Universal-Lexikon* von 1862, werden der Seifenherstellung mehrere Seiten gewidmet, die mir sehr weitergeholfen haben.

Einen großen Wissensschatz bergen die Bücher der Hobbythek. Zum Schreiben dieses Buches habe ich immer wieder in diesen Büchern nachgeschlagen:

- Neue Aromatherapie – Gesundheit und Wohlbefinden durch ätherische Öle von Jean Pütz, erschienen im VGS
- Gesundheit mit Kräutern und Essenzen von Jean Pütz, erschienen im VGS

Platz für eigene Notizen

Fotonachweise: © Adobe Stock // COVER: Soho A studio (Lavendel) / spline_x (Teebaum) / baibaz (Rasierer) / margo555 (Mandeln) / KERN: dima_pics (Aprikosenkern) S. 14, (Traubenkerne) S. 21 / ilietus (Avocado) S. 14 / julkapulka13 (Baumwolle) S. 15 / Dionisvera (Haselnuss) S. 15 / Swapan (Distel) S. 15 / dule964 (Hanfsamen) S. 15 / emuck (Kakaobutter) S. 16 / Juanamari Gonzalez (Jojoba) S. 16 / Tim UR (Kokosnuss) S. 16 / lcswart (Mafura) S. 17 / Andrea (Leinsamen) S. 17 / mates (Lorbeer) S. 17, (Oliven) S. 18 / margo555 (Mandeln) S. 18 / kurapy (Niemfrüchte) S. 18 / Paitoon (Palm) S. 19 / M. Schuppich (Raps, Rizinus) S. 19 / spline_x (Schwarzkümmel) S. 20, S. 113 / Vitalina Rybakova (Sesam) S. 20 / luisapuccini (Shea) S. 20 / Soru Epotok (Soja) S. 20 / pisut (Sonnenblumensamen) S. 21 / g215 (Weizenkeim) S. 21 / MissesJones S. 26 / winston (Teetasse) S. 29 / boonchuay1970 (Aloe vera) S. 29 / steinerpicture S. 30 / pamela_d_mcadams S. 32 / taddle S. 33 / yanadjan S. 34 / Nataliia Pyzhova S. 53 / Klaus Eppele S. 55 / Soho A studio S. 59 / oxie99 S. 61 / Dmitri Stalnuhhin S. 82 / Igor Syrbu S. 87 / fotofabrika S. 93 / praewpailin S. 95 / photohampster S. 105 / baibaz S. 115 / alfredleis S. 117 / Scisetti Alfio (Pfefferminze, Salbei) S.126

Rezepte

Bettina Pabst
Kürbis
für die
Schönheit
Der Rest
kommt auf
den Teller
freya